50

ANNI, RACCONTI, RICETTE

ROBERTO VALBUZZI

50

ANNI, RACCONTI, RICETTE

Rizzoli

Ad Alisea ed Elan,
che queste pagine siano per voi energia,
amore e felicità.

Un grazie alle persone con cui ho condiviso
questo percorso, che per me e la mia famiglia
è stato e sarà sempre un progetto di vita.

CINQUANTA

ANNI,
RACCONTI,
RICETTE

Cinquanta sono gli anni passati da quando la mia famiglia ha iniziato a gestire il Crotto Valtellina. Cinquanta sono le persone che ospitiamo per ogni servizio, a pranzo e a cena. Cinquanta sono le storie che ho deciso di raccogliere in questo libro, accompagnate da cinquanta ricette e altrettanti ingredienti che non raccontano solo la vita del Crotto, ma anche la mia. Questo volume è una porta socchiusa su tutto quello che finora non ho detto a nessuno: il passaggio da mio padre a me e la ricerca della mia identità, culinaria e non solo. Le pagine di *Cinquanta* sono ricordi e ricette, diapositive da scorrere per rivivere ogni tappa di un percorso, talvolta in salita ma sempre e inequivocabilmente "mio".

La storia del Crotto Valtellina inizia molto prima di cinquant'anni fa, a metà dell'Ottocento, quando è una cava di pietra arenaria da poco dismessa che ospita sei famiglie. In quegli anni più che a una casa somiglia a una grotta, circondata da cave ancora attive in cui si estraggono rocce destinate a decorare ville e chiese. All'inizio del Novecento il piccolo villaggio di Folla di Malnate è il centro industriale della città di Varese e in questa grotta dall'acustica straordinaria si comincia a fare qualcosa di inaspettato: si radunano sedie e panche, qualcuno porta un fiasco di vino e qualcun altro una fisarmonica. Le sei famiglie battezzano questo luogo di ritrovo improvvisato, un po' balera e un po' trattoria, con il nome di Crotto Val Cabrina.

Durante la Prima e la Seconda Guerra Mondiale il Crotto diventa un deposito per le granaglie e, grazie alla posizione

strategica, una stazione di scambio cavalli per raggiungere la Svizzera, ma è solo all'inizio degli anni Settanta che una famiglia originaria della Valtellina lo rileva, con il sogno di trasformarlo in una vera e propria osteria. Questo sogno, però, dura solo sei mesi. I nuovi proprietari tornano in Valtellina, a Bianzone, paese d'origine dei miei nonni paterni, che proprio allora prendono una decisione destinata a cambiare il corso di molte vite, tra cui la mia.

È il 1974 quando il padre di mio padre, panettiere di professione, regala un nuovo nome al ristorante, che diventerà, da allora e per sempre, il Crotto Valtellina. È un locale semplice – come semplice è la sua cucina composta esclusivamente da piatti della tradizione valtellinese –, e così rimane per più di dieci anni. Fino a quando, senza alcun preavviso, i miei nonni paterni decidono di tornare a loro volta a Bianzone, abbandonando il Crotto nelle mani di mio padre diciannovenne. Al ritorno dalla scuola alberghiera, papà si ritrova con un frigorifero pieno, tremila lire, non pochi debiti e un biglietto d'addio.

Che cosa può fare, in una situazione come questa, un ragazzo di diciannove anni con poca esperienza e molte domande? Mio padre decide di affrontare le proprie paure e di scegliere, tra tutte, la soluzione meno logica, ma più coraggiosa. Che è anche quella più difficile: restare dov'è. Aiutato dalla donna che presto avrebbe sposato e dai genitori di lei, inteneriti da quel ragazzo che non ha niente se non una grande tenacia, mio padre riesce a far parlare del Crotto in tutto il circondario, non solo grazie alla cucina, ma anche per le sue idee intraprendenti e le invenzioni insolite. È uno tra i primi ristoratori della zona ad avere un indirizzo email e spedisce regolarmente le novità del suo menu ai clienti abituali via fax.

Il menu del Crotto, fatta eccezione per qualche esperimento di *nouvelle cuisine*, all'inizio degli anni Novanta propone ancora ricette tradizionali valtellinesi, inedite per il territorio e sempre richieste, soprattutto nei freddi mesi invernali. La forte identità del locale, la location da sogno e la perseveranza di mio padre regalano al Crotto una certa notorietà – articoli sulle riviste e trafiletti sui giornali –, ma anche un'etichetta che sembra l'unica possibile, quella di ristorante fortemente legato alla tradizione.

Questo è il luogo in cui sono nato e cresciuto, spiando mio padre dal buco della serratura di una porta a soffietto. Le fiammate, il ritmo e l'energia, la frenesia e la precisione: sembrava il set di un film d'azione a cui io non potevo (ancora) partecipare. Non mi era permesso mettere piede in cucina – per i miei genitori ogni angolo nascondeva un pericolo –, ma sentivo che quello era il mio posto. Passavo il tempo tra la scuola alberghiera e la fattoria in cui i miei nonni materni mi insegnavano il ciclo delle stagioni e il loro ruolo nel grande sistema dell'agricoltura, ma ogni cosa ruotava attorno alla cucina ed esisteva solo in funzione di quella stanza le cui porte erano, per me, ancora chiuse.

Anche quando finalmente sono riuscito a varcarne la soglia, era come se fossi ospite nel sogno di qualcun altro. Ero cresciuto immerso nella tradizione valtellinese, ma il mondo che avevo intorno mi suggeriva nuove idee.

Questo è il luogo in cui
sono nato e cresciuto,
spiando mio padre
dal buco della serratura
di una porta a soffietto.
Le fiammate, il ritmo
e l'energia, la frenesia
e la precisione…

Il territorio di Varese iniziava a svilupparsi e c'era sempre più attenzione verso i suoi prodotti e le sue molte eccellenze. Le mie esperienze, nel mondo televisivo e all'estero, mi dicevano che avevamo bisogno di cambiare, di crescere e di accrescere anche il nostro personale. Stavo iniziando a capire che la cucina è un insieme di scoperte incredibili: la cucina non ha confini, e si può fare tantissima sperimentazione pur restando fedeli alla propria terra e a ciò che ci regala.

Papà non era d'accordo e posso capirlo: aveva passato la sua vita a costruire un'identità, ad affrontare la paura di perdere tutto, a farsi amare dai propri clienti, a farsi un nome che resistesse al tempo e alle mode. Le mie idee (utilizzare ingredienti di stagione, provare nuovi piatti, aumentare l'organico…) venivano puntualmente bocciate.

Avevo circa gli stessi anni che aveva mio padre quando si era ritrovato a gestire il Crotto da solo e davanti a me c'era una domanda diversa, ma non poi tanto: cosa potevo fare? Restare in un luogo il cui nome era sulla bocca di tutti, pieno di storia, ma anche di regole che non mi appartenevano, oppure partire per costruire qualcosa di mio, da zero. Qual era la mia strada? Chi sarei diventato? Ogni ragazzo e ogni ragazza si pongono queste domande e lo fanno di solito quando è troppo presto, quando le risposte sembrano impossibili da trovare. Altrettanto difficile è comunicare le proprie necessità alla famiglia, a chi per decenni ha lavorato senza mai fermarsi e lo ha fatto anche per garantire ai propri figli un futuro più stabile e sereno. Per essere genitori migliori dei propri e non commettere gli stessi errori.

Come mio padre molti anni prima, ho scelto di restare. Nonostante fosse difficile far sentire la mia voce. Sono rimasto perché non volevo andarmene, perché avevo la grande fortuna di poter lavorare in un luogo unico – dove risuonavano le risate di quando ero bambino –, costruito e coltivato dalle mani dei miei nonni, pieno di passato e pronto per il futuro. Era una sfida, certo, ma era la mia.

Una sfida che con il passare degli anni non diventava meno impegnativa, anche se, grazie alle persone che iniziavano a raggiungerci per conoscere me e la mia cucina, grazie a mia madre che ha sempre cercato di mantenere l'equilibrio in famiglia, grazie all'incontro con mia moglie Eleonora e alla sua solare lungimiranza, sono riuscito a far capire a mio padre quanto fosse importante che il Crotto parlasse anche la mia lingua e rispecchiasse anche la mia identità, che finalmente cominciava ad apparire chiara e definita come in una fotografia.

Dai nonni materni avevo imparato l'importanza della natura e dei suoi prodotti, e da loro avevo ereditato una visione che partiva dal suolo, dai semi e dai frutti. Una cucina che esce dai confini e comincia nell'orto, perché, se ogni piatto è una storia da raccontare, produrre ciò che si consumerà è come aver seguito quella storia fin dalle prime pagine. E le materie prime che non potevamo produrre le acquistavamo da piccole aziende locali altrettanto attente a ciò che avevamo intorno e ai grandi sapori della nostra zona. Nella mia mente prendeva forma un'immagine chiara: una cucina che unisse la mia esperienza tecnica e il mio bagaglio culturale ai doni della mia terra.

Ho iniziato a proporre assiduamente i miei piatti e, quando i clienti li apprezzavano e li chiedevano, mio padre accettava di metterli nel menu. Una o due ricette per volta, senza grandi stravolgimenti, per accogliere il nuovo evitando cambiamenti radicali. Così è nata la Carta alla Scoperta, come un piccolo menu del giorno: due piatti realizzati con prodotti del territorio e un occhio alla stagionalità. Se l'inverno sembrava ancora dare ragione a mio padre, l'estate ha spinto gli ospiti a scegliere opzioni più fresche e leggere, quelle della "mia" carta che piano piano ha convinto anche lui e che ben presto è arrivata a comprendere dodici proposte (tre antipasti, tre primi, tre secondi e tre dolci). La Carta Storica – fino a quel momento intoccabile – si è ridotta per lasciare spazio alle mie ricette e a una tecnica più contemporanea.

Le persone iniziavano ad arrivare da tutta Italia, a mettersi in viaggio con il solo scopo di pranzare o cenare al Crotto: è allora che, insieme a Eleonora, ho capito che era arrivato il momento di prendere un'ulteriore decisione. La più importante fino ad allora.

È il 2019 quando progettiamo un Crotto tutto nuovo, dentro e fuori. Chiudiamo per due lunghissimi mesi. I coperti passano da una novantina a cinquanta. Il personale aumenta: «Più costi, meno posti», borbotta mio padre (per nulla convinto e per nulla contento). Io mi dico che, se quello che penso di aver capito finora è giusto, tutto andrà per il meglio.

Del primo giorno della grande ristrutturazione ho un ricordo indelebile: papà che impugna la mazza da demolizione e colpisce con tutta la sua forza il bancone del bar tanto voluto da suo padre e che lui ha sempre detestato. È un gesto, ma è anche molto di più: una catarsi, l'inizio di un nuovo capitolo, una frase non detta che da qualche parte contiene un "grazie".

Sessantadue giorni dopo – il 13 settembre del 2019 – il Crotto riapre con un vestito tutto nuovo, un organico più numeroso e una doppia carta: la Carta Storica, che racconta la vita di papà, e la Carta alla Scoperta, che rappresenta me, il mio percorso e il luogo in cui amo vivere.

Un luogo dalla lunga e preziosa storia, fatta di sacrifici e difficoltà, di un abbandono avvenuto prima che io nascessi, ma anche e soprattutto di un amore talvolta faticoso, eppure sempre vivo e indissolubile. Quando penso al passato del Crotto penso ai sogni e alle speranze di mio padre a vent'anni, ma sento anche le sue paure e mi sembra di percepire il momento in cui si sono dissolte: in realtà si è trattato di una lenta e progressiva trasformazione, ma mi piace farlo coincidere con la nascita di mia figlia Alisea, nel 2020. È allora che questo scambio e ricambio generazionale si è davvero concluso, con qualcosa che somiglia a un lieto fine.

Eccoci, dunque, arrivati al presente. Cinquant'anni dopo la sua "inaugurazione" il Crotto Valtellina ha un'identità rappresentativa che coincide con la mia visione della vita e della cucina. Non dimentica le sue radici, ma celebra il territorio e le grandi eccellenze che questa terra ci offre, si apre alle nuove tecniche, senza abbandonare la tradizione. E mio padre? Ha affidato a me il timone della cucina, accoglie gli ospiti e gioca con i suoi nipoti.

BIRRA
PORETTI

Per un po' ho pensato che avrebbe lasciato il ristorante e avrebbe girato il mondo, ma la verità è che ora, finalmente, si trova nel luogo che ha sempre sognato. E io non l'ho mai visto così felice.

Cinquanta è la mia storia e la storia della mia famiglia. Ho scelto di raccontarla attraverso cinquanta ingredienti che diventano i protagonisti di altrettanti capitoli: alcuni sono finestre aperte sul passato, altri sono incontri con chi condivide il mio amore per questa vita fatta di passione e dedizione. Ogni ingrediente è accompagnato da una ricetta che mi appartiene, proprio come io sento di appartenere a questa terra che non cambierei con nessun'altra al mondo.

Cinquant'anni dopo
la sua "inaugurazione"
il Crotto Valtellina
ha un'identità
rappresentativa che
coincide con la mia
visione della vita e della
cucina. Non dimentica
le sue radici, ma celebra
il territorio e le grandi
eccellenze che questa
terra ci offre.

PIZZOCCHERI

•

UNA RICETTA PER FERMARE L'UNIVERSO

1

Quando ero piccolo non mi era permesso entrare in cucina. Il poco che riuscivo a spiare attraverso il buco della serratura mi rapiva e mi ipnotizzava: coltelli affilati, olio bollente, persone che si muovevano rapidamente tra il fuoco dei fornelli. Quella che a me sembrava un'irresistibile avventura era esattamente il motivo per cui l'ingresso mi era vietato, ma non potevo capirlo. Non allora: allora, quando arrivavo al ristorante dalla casa dei nonni, portando con me la frutta e la verdura che avevamo raccolto nell'orto, volevo soltanto raggiungere papà e i ragazzi della brigata che si preparavano al servizio. Non mi importava che cercassero di proteggermi dai rischi, perché quello era l'unico luogo in cui volevo stare. Il loro era l'unico mestiere che volevo imparare.

Ogni tanto qualcuno si inteneriva e decideva di rendermi partecipe di quel grande gioco che era la cucina: mi allungava un pezzo di panetto e mi faceva salire su una cassa di acqua capovolta per permettermi di arrivare al bancone. Da una parte del piano di lavoro c'era papà, dall'altra io e con il mio panetto giocavo a fare i pizzoccheri.

La ricetta dei pizzoccheri è una di quelle che nella mia famiglia ci tramandiamo da generazioni. Fa parte del menu del Crotto da cinquant'anni. Potrei quasi giurare di non essere mai stato in cucina senza che ci fosse qualcuno che impastava, tirava o tagliava la pasta dei pizzoccheri. Li faceva così la mia trisnonna, li facciamo così ancora oggi.

Cercavo di farli così anch'io, nonostante arrivassi a malapena al bancone. Spianavo la pasta con il mio piccolo matterello di legno e, se veniva bene (soprattutto: se non la facevo cadere per terra), papà me la tagliava e la impastava con la sua. Quella era, per me, la più grande delle soddisfazioni. Potevo andare a dormire sapendo di aver contribuito alla realizzazione di un piatto importante.

Solo da grande, e ancora di più diventando papà a mia volta, ho capito che quel panetto non era che una scusa per stare insieme e ritagliarsi da una giornata di lavoro il tempo per parlare, per chiedermi come fosse andato il pomeriggio dai nonni, per ridere un po' con le mani impiastricciate e i vestiti sporchi di farina. Erano quindici, venti minuti, non di più. Ma in quei quindici, venti minuti tutto l'universo si fermava. Facendomi salire sulla cassa di acqua capovolta, senza utilizzare le parole, papà mi stava dicendo che se avessi avuto pazienza e avessi continuato a sognare, un giorno avrei potuto fare parte di quel mondo anch'io.

PIZZOCCHERI

INGREDIENTI

- 500 g di farina tipo 00
- 500 g di farina di grano saraceno
- 200 g di patate
- 200 g di Casera non stagionato
- 60 g di Parmigiano Reggiano
- 4 gambi di coste
- 1 cipolla
- 1 spicchio di aglio
- burro q.b.
- rosmarino
- salvia
- sale e pepe

PROCEDIMENTO

Amalgamate bene le farine, aggiungendo acqua fredda fino a ottenere un impasto vellutato.

Stendete l'impasto su un tavolo di lavoro ben infarinato e tirate la pasta a uno spessore di circa mezzo centimetro. Tagliate con una spatola per ottenere piccole tagliatelle, che farete cuocere in acqua salata bollente, insieme alle patate tagliate a pezzetti, per circa 20 minuti.

Nel frattempo tagliate finemente il formaggio, mondate le coste e sbianchitele in acqua.

Appena la pasta è pronta, prendete una teglia e riempitela alternando uno strato di pasta e patate a uno di coste e formaggio fino a che è colma.

Fate sciogliere il burro in una padella, soffriggete con cipolla e aglio, infine aromatizzate con salvia e rosmarino.

Irrorate la teglia della pasta con abbondante burro fuso aromatizzato, poi passatela al forno per 5 minuti a 210 °C.

Servite i pizzoccheri ben caldi dopo aver cosparso di pepe.

NOCI

PIPPO E IL GENERALE

2

“Generale”, così era soprannominata la mamma di mio nonno Luciano. Insieme giocavamo a lanciarci le macchinine da un lato all’altro del tavolo: con le braccia aperte, a turno, cercavamo di pararle. Era una donna forte, il Generale. Più forte di un toro, come si dice. Sicuramente più forte di Pippo, il nostro caprone, che un giorno l’ha colpita con una cornata. Lei si è rialzata come se nulla fosse successo: aveva ottantadue anni.

Quando mio nonno ha iniziato a lavorare in cantiere non era che un ragazzino. Si spostava con la sua bicicletta e metteva da parte ciò che guadagnava. Faticando molto, giocando poco. Con i primi risparmi ha comprato una capretta. Tre, in realtà, perché quella che aveva acquistato era una femmina che da lì a poco avrebbe dato alla luce due cuccioli. Ogni pomeriggio non vedeva l’ora di tornare a casa e giocare con quelle tre bestioline, perciò non è difficile riuscire a immaginare la sua infinita tristezza quando, di ritorno dall’ennesima giornata di lavoro, nonno ha scoperto che il Generale le aveva vendute. Senza nemmeno avvisarlo.

Ci sono gesti che, nonostante l’affetto, non si riescono a perdonare e questo per lui è stato uno di quelli. Un momento indelebile nella memoria che, come spesso per fortuna accade, non ha portato solo tristezza, ma anche tanto amore da riversare su tutti gli altri animali del grande gregge che, negli anni, mio nonno ha formato.

La nostra stalla a Mornago, infatti, era sempre piena: cavalli, mucche e una cinquantina di pecore. Tutti i giorni, da maggio a novembre, il nonno accompagnava le sue “bestie” al pascolo. Io gli chiedevo perché, dopotutto a casa avevamo tantissimo spazio, ma lui era convinto che meritassero tutta la libertà possibile. Così, andavo con lui. Dopo la scuola, per quattro o cinque ore, ci sedevamo all’ombra del grande albero di noci e con il manico dei bastoni, sopra due grandi sassi piatti, spaccavamo i gusci e ne mangiavamo i frutti. Lui raccontava storie, io lo ascoltavo. Attorno, solo il suono dei campanacci. Erano pomeriggi infiniti e il mondo, il mio mondo, era in pace.

Con una sola eccezione: Pippo. Più attento di qualsiasi cane da guardia. Quando sentiva arrivare il dottore del paese a bordo del suo motorino Ciao, partiva alla carica deciso a incornarlo. Allora il pascolo diventava una prateria e io mi trasformavo in cowboy. Interrompevo il racconto del nonno, lasciavo cadere le noci e partivo a mia volta, di corsa, per raggiungere Pippo, afferrare il suo campanaccio, tenerlo fermo e permettere al dottore di mettersi in salvo.

GNOCCHI ALLE ORTICHE CON SALSA DI NOCI

INGREDIENTI

PER GLI GNOCCHI
- 600 g di patate bianche
- 265 g di farina tipo 00
- 100 g di ortiche
- sale

PER LA SALSA ALLE NOCI
- 100 g di noci sgusciate
- 60 g di Grana Padano grattugiato
- 50 ml di latte
- 20 ml di olio extravergine di oliva
- ½ spicchio di aglio

PROCEDIMENTO

Per gli gnocchi: mettete a bollire per 10 minuti le ortiche pulite, quindi scolatele e frullatele con un frullatore a immersione fino a ottenere una crema liscia e omogenea.

Sbucciate e tagliate le patate a cubi, quindi fatele cuocere finché si infilzeranno facilmente con un forchettone o uno stecco di legno e scolatele accuratamente.

Su una spianatoia realizzate una fontana con la farina e schiacciate al centro le patate ancora calde. Aggiungete il sale e la crema di ortiche e impastate fino a ottenere una palla liscia e omogenea. Fate riposare per circa 2 ore, quindi formate con la pasta lunghi "salsicciotti", tagliateli e date loro la classica forma degli gnocchi.

Per la salsa alle noci: frullate tutti gli ingredienti con un frullatore da cucina fino a ottenere una crema liscia.

Cuocete gli gnocchi in acqua bollente salata. Quando vengono a galla, scolateli e trasferiteli in una zuppiera con la salsa di noci, che avrete stemperato con un goccio di acqua di cottura. Completate con una spolverata di formaggio grattugiato e servite gli gnocchi ben caldi.

LATTE

RICORDI DI MONTAGNA, POLVERE DI FIENO

3

Ero ancora nel letto, probabilmente perché erano le sei di mattina, ma già sentivo i passi del nonno che scendeva le scale della nostra piccola baita. Ogni estate, appena finita la scuola, lo raggiungevo e stavo con lui il più possibile. Con lui e con le sue "bestie" che, da esperto pastore, accompagnava nella transumanza, la migrazione stagionale dalla nostra fattoria di Mornago fino alla casa su in montagna.

Quando i primi raggi di sole passavano attraverso le fessure delle persiane, il profumo del caffè aveva già inondato la mia stanza. Era la moka, con il suo borbottio, a prendere il posto della sveglia e suggerirmi che era arrivato il momento di abbandonare il letto e iniziare la giornata. Scendevo in cucina, macchiavo di caffè la mia tazza di latte e andavo a sedermi sulla panca di legno accanto al nonno, che era già lì con il suo pacchetto di biscotti pronti da intingere. L'aria era fresca e pulita, in lontananza si sentiva il suono dei campanacci. Erano le capre che, lentamente, scendevano il crinale in un'ordinata processione verso la stalla per la mungitura. «Dai: finisci in fretta e vai a mettere gli scarponi», mi diceva il nonno. Bisognava accogliere le capre, farle entrare nel recinto, preparare il fieno fresco nella mangiatoia.

A ogni forcata di fieno si alzava nell'aria una polvere fitta che i raggi del sole tagliavano e tingevano d'oro. Dopo qualche inevitabile starnuto potevo finalmente respirare il profumo delle erbe spontanee che accompagnava quei gesti da ripetere mattina dopo mattina, come un rito. Ed esattamente come in un rito, ognuno aveva il proprio compito. Il mio era quello di aprire il recinto, fare entrare le capre e condurle una a una al proprio posto. Il nonno le avrebbe munte, a mano, con pazienza ed esperienza, come si faceva una volta.

«Ora versa il latte nei bidoni e filtralo con la garza», quello era l'altro mio compito e ogni volta che versavo il primo latte, ancora caldo, venivo avvolto dal suo profumo. Crudo, intenso: potevo già anticipare la sua trasformazione e assaporare l'idea del formaggio che avremmo presto realizzato.

Era quello il momento in cui, puntualmente, allungavo la mano per assaggiare il latte con la punta del dito: «Aspetta!», mi fermava veloce il nonno: «Bisogna prima farlo bollire!».

RISOTTO AI FUNGHI E TOMA

INGREDIENTI

- 400 g di riso Carnaroli
- 150 g di toma di capra
- 40 g di burro
- 40 g di Parmigiano Reggiano
- 2 l di brodo vegetale
- 4 funghi porcini
- 1 scalogno
- 1 cucchiaino di fecola di patate
- 1 bicchiere di latte di capra
- 1 bicchiere di vino bianco aromatico
- prezzemolo
- olio extravergine di oliva
- sale e pepe

PROCEDIMENTO

Tritate finemente lo scalogno e fatelo sudare in padella con un filo di olio. Aggiungete il riso e tostatelo fino a quando i chicchi non risultano lucidi e trasparenti. Sfumate con mezzo bicchiere di vino bianco e tenetene un po' per i porcini. Aggiungete il brodo poco alla volta e portate a cottura.

Nel frattempo tagliate i porcini a julienne e fateli saltare in una padella rovente per qualche minuto, poi sfumateli con il vino bianco e conditeli con sale, pepe e le foglie di prezzemolo tritate.

Per preparare la fonduta, frullate 100 grammi di toma e un bicchiere di latte tiepido fino a ottenere un composto liscio e omogeneo, poi trasferitelo all'interno di un pentolino e mettetelo sul fuoco. Sciogliete la fecola di patate in poca acqua e versatela all'interno del composto, portate a bollore e lasciate addensare in modo da ottenere una fonduta cremosa.

Appena il riso è pronto, mantecatelo con il burro, il Parmigiano e i restanti 50 grammi di toma grattugiata. Lasciatelo riposare per qualche minuto coperto da un canovaccio e poi impiattate: con il dorso di un cucchiaio create una piccola conca al centro del riso e versatevi la fonduta di toma. Finite con una cucchiaiata di funghi trifolati e una spolverata di prezzemolo tritato.

BESCIAMELLA

PER QUALCHE ANNO IN PIÙ

4

Anche al centro di tanto affetto, di tanta amicizia o di tanto amore, a volte, ci si può sentire soli. Anche in una famiglia che lavora per garantirci la miglior vita possibile. È semplice capirlo quando si diventa grandi, ma quando si hanno sei o sette anni è decisamente più complicato.

Ai tempi della scuola elementare mi capitava spesso di pranzare da solo a un piccolo tavolo nella grande sala del ristorante. Poi salivo le scale che mi portavano a casa, al piano di sopra, e iniziavo a fare i compiti (oppure – ormai posso confessarlo – a giocare con i videogiochi). Se il tempo lo permetteva, nel pomeriggio giravo nel parco intorno al locale inventando avventure epiche con action figure e omini LEGO®.

Sentivo questa strana solitudine per la quale non avevo un nome, perché non potevo dire di essere solo, ma era con me stesso che passavo la maggior parte del tempo. Così, non c'è da stupirsi che uno dei momenti più attesi fosse quello della merenda. Perché era allora che mamma sospendeva il lavoro da maître sommelier e, prima di iniziare a preparare la sala per il servizio della sera, era finalmente tutta per me. Con le luci spente e il sole del pomeriggio che cercava di filtrare nella cucina in penombra, in silenzio sui banchi da lavoro di acciaio, mamma mi preparava le bruschette con la besciamella sporcata di pomodoro e qualche fetta di prosciutto cotto.

Mentre il pane si tostava, parlavamo. Parlavo soprattutto io, le raccontavo della scuola e le chiedevo una cosa che per me era importantissima: «Facciamo finta che ho dodici anni?». Con una frase ricorrente, che ormai non la sorprendeva nemmeno più, insistevo affinché mi accompagnasse a scuola il giorno successivo dichiarando ai miei compagni e alle maestre questa nuova età. Avrebbe dovuto cercare di convincerli che, per un errore di calcolo o per una crescita improvvisa, fossi un dodicenne fatto e finito. Volevo essere più grande, ma non poi tanto, giusto qualche anno in più: il minimo indispensabile per godere di un'indipendenza che mi avrebbe fatto sentire più forte, meno solo. Libero per me, ma anche libero per lei, perché non dovesse più affannarsi a ritagliare scampoli di tempo da passare insieme. Quello che allora non potevo sapere era che per mamma, proprio come per me, quelli erano i momenti più preziosi.

Discutevamo per tutto il tempo della merenda e, quando nel piatto non c'era altro che qualche briciola, lei finalmente diceva: «Sì, dai. Domani ci provo».

BRUSCHETTA CON PROSCIUTTO E BESCIAMELLA ROSA

INGREDIENTI PER 8 BRUSCHETTE

- 8 fette di pane casereccio
- 250 ml di latte
- 120 g di prosciutto cotto tagliato fine
- 20 g di burro
- 20 g di farina tipo 00
- 10 g di concentrato doppio di pomodoro
- olio extravergine di oliva
- sale e pepe

PROCEDIMENTO

Scaldate leggermente il latte sul fuoco. Nel frattempo sciogliete il burro in un pentolino, aggiungete la farina, fate tostare per qualche minuto e poi versate nel latte ancora caldo. Mescolate energicamente con una frusta, quindi rimettete sul fuoco fino a quando il composto avrà raggiunto la consistenza desiderata. Condite con sale e pepe, aggiungete il concentrato di pomodoro. Mescolate ancora per stemperare bene il concentrato nella besciamella.

In una padella con un filo di olio fate abbrustolire le fette di pane da entrambi i lati. Dopo aver lasciato intiepidire (ma non troppo) la besciamella, ponetela sulle fette di pane e completate con le fette di prosciutto cotto.

PERE

•

METTERE RADICI

5

Le piante da frutto rappresentavano e rappresentano tuttora una delle più grandi passioni di mio nonno Luciano. Alcuni alberi che incontro quotidianamente proiettano la loro ombra nel nostro giardino da molto prima che io nascessi. Quando ero un bambino li studiavo attentamente e in base alla forma, all'altezza, alla dimensione, alla quantità e alla forza dei rami, a ogni albero assegnavo un particolare gioco da fare insieme. Come fossero amici, ognuno con il proprio carattere.

Il ciliegio che cresceva davanti alla finestra della camera da letto dei nonni, per esempio, era perfetto per le arrampicate. Con il suo largo tronco e i tre grandi rami che creavano una sorta di pianerottolo naturale era semplice da scalare e mi permetteva persino di riposare comodamente, accogliendomi tra le sue fronde. Mentre salivo sul ciliegio ero Tom Sawyer, ero Indiana Jones: il mio mondo era fatto di pericolose avventure e tesori nascosti. In questo caso il tesoro erano le ciliegie, che potevo cogliere senza bisogno di scale o cestini.

Poi c'era il fico, appoggiato alla stalla, nella posizione insolita che occupa da sempre, con la sua folta chioma e i suoi frutti: non fichi neri e nemmeno settembrini, ma fioroni verdi, dalla maturazione più lenta. Sono quelli che cadono senza preavviso e, quando decidono di staccarsi dal ramo, è meglio non lasciarsi colpire in testa, perché – oltre a essere deliziosi – i fioroni sono particolarmente pesanti.

Infine c'era il pero, con frutti leggermente acidognoli che erano la fine del mondo. Le pere Conference sono note per la loro dolcezza, ma i ricordi che mi legano a questa pianta hanno un retrogusto amaro. Il pero era l'albero ai cui rami il nonno legava gli animali da cortile in preparazione di un gesto a cui oggi non siamo più abituati, ma che allora rappresentava la consuetudine. Un momento come ogni altro, da mostrare ai nipoti tramandandone il senso e la responsabilità. Anche questa, infatti, è la vita della fattoria e l'ho imparato fin da piccolo.

Mi capita spesso di ricordare quegli episodi e di pensare che, nel nostro mondo frenetico in continua evoluzione, non dobbiamo dimenticare di prenderci cura di ciò che ci nutre. Nel pieno rispetto di una natura che non ci appartiene, ma di cui facciamo parte.

FILETTO DI CAPRIOLO "1848"

INGREDIENTI

- 800 g di filetto di capriolo
- 400 g di ribes o mirtilli rossi
- 200 g di farina di mais per polenta
- 1 l di vino rosso
- 2 bicchieri di vino bianco
- 1 cucchiaio di aceto balsamico invecchiato
- 12 cavolini di Bruxelles
- 2 pere Conference
- 2 mele Golden
- 1 mazzetto aromatico (salvia, rosmarino, timo)
- spezie (un chiodo di garofano, bacche di ginepro, miscela chimichurri)
- germogli di ravanello o barbabietola
- burro q.b.
- zucchero q.b.
- miele (a piacere)
- olio extravergine di oliva
- sale e pepe

PROCEDIMENTO

Pulite il filetto di capriolo e marinatelo per circa 2 ore con chimichurri, olio e qualche erba aromatica.

Pelate le pere, tagliatele a metà in verticale, eliminate il torsolo e mettetele a cuocere in un pentolino con il vino rosso, un chiodo di garofano e qualche bacca di ginepro. Portate a bollore e cuocete ancora per circa 10 minuti, quindi togliete le pere, filtrate la salsa e continuate a restringerla aggiungendo l'aceto balsamico (ed eventualmente un po' di miele) fino a ottenere un composto abbastanza denso.

Sbucciate le mele e, con uno scavino da 25 mm, ricavate delle sfere. Fatele bollire in una pentola con il vino bianco, mezzo litro di acqua e le erbe aromatiche per 5 minuti, poi toglietele dal vino e fatele raffreddare.

Pulite e fate bollire i cavolini di Bruxelles, ma non troppo a lungo: devono risultare ancora croccanti.

Preparate la polenta assicurandovi di ottenere una consistenza dura.

Pulite e separate le bacche di ribes dai rametti, poi fatele saltare in una padella ben calda con una noce di burro, regolando di sale e pepe (se dovessero risultare troppo acide aggiungete mezzo cucchiaino di zucchero). Fate cuocere per 5 minuti, poi frullate con il mixer a immersione e passate il composto in un setaccio a maglie fini per eliminare i semi e la buccia.

Cuocete la carne su una pioda oppure in una padella antiaderente ben calda, spennellandola leggermente con un filo di olio, 3 minuti circa per lato.

Fate saltare le mele e i cavolini di Bruxelles con una noce di burro e regolate di sale e pepe.

Quando anche la polenta sarà pronta, passate a disporre gli elementi sul piatto. Per prima cosa realizzate un cerchio con la salsa al vino, poi alternate un disco o una pallina di polenta, un cavolino di Bruxelles e una sfera di mela. Ripetete la sequenza per tre volte a formare un cerchio. Al centro ponete la salsa al ribes rosso e la pera al vino.

Tagliate i filetti di capriolo in parti uguali e disponeteli sopra la polenta, infine guarnite con qualche germoglio fresco di ravanello o barbabietola.

FAGIOLINI

•

TUTTA LA CURA DEL MONDO

6

L'orto è il luogo in cui ho passato più tempo quando ero un ragazzino, ed è lì che ho coltivato, oltre alla frutta e alla verdura, anche il mio amore per la terra. Se, per descrivere il sentimento che mi lega alla natura, dovessi scegliere un'immagine soltanto, sarebbe la fotografia di mia nonna Gisella che avvolge il germoglio di una pianta di fagiolini attorno a un bastoncino di legno, per aiutarlo a crescere.

Il nonno iniziava a vangare la mattina presto e io non volevo fare altro che zappare insieme a lui, perché scavare era divertente e solo così avrei finalmente dimostrato tutta la mia forza. Ma la verità è che di forza ancora non ne avevo e potevo soltanto rompere i vasi che contenevano i fagiolini, per poterli poi ripiantare. Prima, però, il terreno andava bucato e quello sì che sapevo farlo bene: con la mia paletta viola e una zappetta rossa scavavo la buca profonda pochi centimetri e, per far sì che la piantina crescesse verso l'alto, aggiungevo lo tzigoiner.

"Tzigoiner" è il nome di un piatto tipico valtellinese in cui la carne viene avvolta intorno a un bastone di legno naturale, ma è anche il termine per definire i bastoncini stessi che, una volta terminata la preparazione della ricetta, recuperavamo dal ristorante e portavamo nell'orto. Io li incastravo nel terreno e la nonna arrotolava il germoglio usando la punta delle dita, senza stringere, come accarezzasse un pulcino appena nato. Infondeva nella pianta tutto l'amore del mondo e, attraverso i suoi gesti, mi spiegava che ogni cosa vivente merita attenzione e cura. Poi mi svelava i trucchi per proteggere l'orto. Per fermare gli insetti che vogliono salire sulle piante, per esempio, bisogna appoggiare un mezzo guscio d'uovo, ancora bagnato di albume, a testa in giù sopra un rametto. Gli insetti, indecisi tra le foglie e l'uovo, sceglieranno sempre l'uovo.

Così io prendevo le uova e le rompevo: alcune servivano per la frittata della sera, altre le regalavo ai cani. «Butti via le uova buone per i cani?», mi sgridava la nonna, senza però riuscire a farmi desistere. Al contrario, il risultato di tante sgridate fu quello di farmi diventare più scaltro. E più bravo in matematica. Sì, perché l'unico modo per accontentare i cani senza farmi scoprire era sottrarre dal totale delle uova una percentuale che potesse passare inosservata. Dopo aver fatto i conti mi muovevo silenziosamente tra il pollaio e l'orto. Ero James Bond, sorvegliato a distanza dalla nonna che sapeva benissimo quale fosse il mio piano. A volte portavo a termine l'impresa, altre volte venivo catturato, ma, anche se non ricordo l'esito di ogni missione, quello che non dimenticherò mai sono gli occhi di nonna Gisella e le sue mani nel gesto di aiutare un germoglio, una nuova vita, a crescere.

MAUSCH

INGREDIENTI

PER IL RIPIENO

- 600 g di patate
- 350 g di fagiolini senza filo
- 60 g di Casera giovane
- 50 g di Grana Padano grattugiato
- 40 g di burro
- ½ cipolla tritata fine
- ½ spicchio di aglio
- salvia
- rosmarino
- sale

PER LE CRESPELLE DI GRANO SARACENO (MAUSCH)

- 280 ml di latte
- 100 g di farina di grano saraceno fine
- 2 uova
- sale

PER LA FONDUTA DI BITTO

- 250 ml di latte intero
- 90 g di Bitto giovane grattugiato
- 90 g di Bitto vecchio grattugiato

PER LA SALSA DI FAGIOLINI E PREZZEMOLO

- 400 g di prezzemolo
- xantano (dallo 0,2 al 2% del totale del composto)
- 200 g di fagiolini freschi senza filo
- 1 cucchiaino di fecola di patate
- olio extravergine di oliva
- sale

PROCEDIMENTO

Per il ripieno: sbucciate e tagliate a cubi le patate, quindi fatele cuocere insieme ai fagiolini in acqua bollente salata. Scolate e fate riposare per circa 15 minuti per far asciugare completamente. In una pentola, fate rosolare la cipolla e l'aglio tritati con il burro, la salvia e il rosmarino. Aggiungete le patate e i fagiolini, cuocete per qualche minuto, poi unite anche i formaggi, schiacciando il composto con il dorso di un cucchiaio per ottenere una sorta di crema molto grossolana. Togliete il rosmarino e la salvia, stendete la farcia su una placca e lasciate riposare e raffreddare.

Per le crespelle: mescolate bene tutti gli ingredienti, quindi versate un po' di impasto per volta in una padella di circa 20 cm di diametro ben calda. Man mano che sono cotte, stendetele su un piano, farcitele con il ripieno ormai freddo aiutandovi con una sac à poche e arrotolatele formando dei cilindri di circa 2 cm di diametro. Avvolgete le crespelle molto strette nella pellicola alimentare e fate riposare in frigorifero per almeno 4 ore.

Per la fonduta: scaldate il latte sul fuoco finché inizia a fumare, quindi spegnete la fiamma e aggiungete i due Bitto grattugiati. Mescolate bene fino a quando il formaggio risulta completamente sciolto, quindi frullate con un frullatore a immersione.

Per la salsa: fate bollire i fagiolini in acqua salata, scolateli e frullateli con un frullatore da cucina, quindi filtrate la crema per ottenere un composto liscio. Preparate un estratto di prezzemolo passando le sole foglie all'estrattore con un filo di olio e un pizzico di sale. Addensate con lo xantano e frullate con un frullatore a immersione fino a ottenere la consistenza di un gel. Unite la crema di fagiolini al prezzemolo, aggiungete un cucchiaino scarso di fecola e frullate nuovamente fino a renderla leggermente più densa.

Eliminate la pellicola dai mausch e scaldateli in forno a 200 °C per circa 10 minuti, quindi servite ponendo alla base del piatto la fonduta di Bitto calda con sopra il mausch coperto da altra fonduta. Completate con qualche striscia di salsa di fagiolini e prezzemolo.

UOVA

ARTURO NON ERA UN GALLO COME GLI ALTRI

7

A volte cantava di notte, a volte di primo pomeriggio. Arturo era fatto così: non seguiva le fasi del sole come ogni altro gallo sulla faccia della Terra. Quando aprivo la porta del pollaio e il rumore dei cardini cigolanti faceva scattare le galline sull'attenti, Arturo era già lì. Pronto a controllare ogni mia mossa.

Le galline sapevano che ero lì per loro, che portavo da mangiare pane, crusca, pezzi di frutta e verdura di scarto dal frutteto e dall'orto. Prima ancora di lasciarmi tirare fuori paletta e secchiello, le solite due o tre impazienti si lanciavano tra le mie braccia e iniziavano a beccare direttamente dalle mani. Sembrava che non mangiassero da giorni, ma erano passate solo poche ore dalla mia visita precedente. La prima palettata scatenava un'euforia tale da farle volare per tutto il pollaio, spingerle a saltare una sull'altra, fare a gara per raggiungere il pezzo migliore, quello più grande.

Arturo, ancora immobile in disparte, mi guardava con sospetto. Sapeva perfettamente che non ero lì solo per dare da mangiare alle galline, ma per scoprire se all'interno delle cove ci fosse qualche uovo. Quando il mio sguardo incrociava il suo, il pollaio si trasformava nel set di un film di Sergio Leone: eravamo duellanti che si incontravano sotto il sole di mezzogiorno, pronti per la resa dei conti.

Capire chi, tra me e lui, avrebbe fatto la prima mossa era questione di millesimi di secondo. Avrei raggiunto l'uovo con la mano e sarei riuscito a raccoglierlo dal nido oppure Arturo mi avrebbe beccato quella stessa mano spingendomi alla ritirata? Il duello si risolveva sempre, più o meno, con la stessa sequenza di eventi: io allungavo la gamba per bloccarlo con il piede, lui sbattendo le ali cercava di beccarmi il polpaccio. L'esito, però, non era affatto scontato. A volte vincevo io, a volte – quando non riuscivo a trovare le uova – era lui ad avere la meglio.

Quello che mi legava ad Arturo era un rapporto di odio e amore, perché non ho mai più avuto un gallo così deciso, bello e fiero. Nero, con penne lucide come quelle che si alzano dal cappello dei bersaglieri. Chissà, forse questa dopotutto non era affatto una coincidenza. Forse era l'origine del suo coraggio e della dedizione con cui difendeva giorno dopo giorno il suo pollaio, senza paura.

UOVO MORBIDO CON CREMA DI SPINACI E CHAMPIGNON

INGREDIENTI

- 4 uova medie
- 450 g di patate
- 400 g di funghi champignon freschi
- 300 g di spinaci
- ghiaccio q.b.
- 250 ml di latte
- 80 g di pane grattugiato fine
- 2 spicchi di aglio
- 1 mazzetto aromatico misto (timo, alloro, salvia, rosmarino)
- 1 g di xantano
- 1 l di olio di girasole per fritture
- ½ cipolla bionda piccola
- olio extravergine di oliva
- sale e pepe

PROCEDIMENTO

Cuocete le uova a bassa temperatura (62 °C) per un'ora, quindi raffreddatele immediatamente in acqua e ghiaccio. Una volta fredde, sgusciatele con cura e panatele.

Preparate un estratto con 250 grammi di spinaci, addensatelo con lo xantano (potete aiutarvi frullandolo con il mixer a immersione a velocità minima) e regolate di sale. Sbollentate gli spinaci restanti, raffreddateli in acqua e ghiaccio, poi strizzateli bene facendo attenzione a non danneggiare troppo le foglie. Ripassateli in padella con l'aglio in camicia prima dell'impiattamento.

Pelate e tagliate a cubetti tutte le patate eccetto una (vi servirà dopo). Fatele rosolare in un fondo con l'olio, qualche rametto di erba aromatica e la cipolla tagliata finemente, quindi portate a cottura (aggiungendo acqua all'occorrenza) regolando di sale e pepe. Quando sono cotte, fate evaporare completamente l'acqua rimasta, aggiungete il latte e fate scaldare per due minuti. Controllate ancora il sale e il pepe, poi frullate fino a ottenere una crema liscia. Trasferite la crema in un sifone da cucina con carica di azoto.

Utilizzando l'apposito strumento, lo spiralizzatore, realizzate degli spaghetti con la patata rimasta e conservateli in acqua fredda.

Pulite gli champignon, tagliateli a metà (o in quattro pezzi, se sono di grandi dimensioni), poi cuoceteli in padella con olio, aglio e qualche rametto di timo. Aggiustate di sale e pepe. A cottura ultimata, prelevate circa un terzo degli champignon, frullateli fino a ottenere una crema e riuniteli ai funghi.

Preparate il piatto ponendo alla base l'estratto di spinaci e le foglie di spinaci ripassate. Friggete gli spaghetti di patate in olio caldo a 180 °C e aggiungeteli al piatto formando un nido su cui adagiare l'uovo. Riscaldate i funghi e posizionateli accanto alle patate, quindi friggete l'uovo e adagiatelo sopra il nido di patate. Infine sifonate (ricordatevi di intiepidire il sifone a bagnomaria prima di utilizzarlo) la spuma di patate sulla sommità dell'uovo e servite immediatamente.

PESCHE

•

LA CASA SULL'ALBERO GIUSTO

8

Nella costruzione di una casa sull'albero bisogna tenere a mente alcune regole fondamentali e possono anche sorgere problematiche inaspettate. Innanzitutto non bisogna assolutamente sottovalutare l'importanza della scelta dell'albero.

Il mio architetto interiore, già in tenera età, aveva individuato come location ideale il nostro grande pesco. Era una pianta forte e non giovanissima: aveva più di quindici anni e un ampio spazio tra i rami, perfetto per ospitare i bancali di legno. Ecco, però, che anche scegliendo la pianta ideale può presentarsi un ostacolo. Il periodo migliore per costruire una casa sull'albero, infatti, è sicuramente tra maggio e giugno, poco prima della fine della scuola. Lasso di tempo che sfortunatamente coincide con la fioritura del pesco. Per questo motivo dovevo stare particolarmente attento a muovermi con estrema cautela nel mio cantiere sull'albero.

Quando il nonno mi vedeva in procinto di cominciare i lavori iniziava a gridare: «Non piantare chiodi!», «Non spezzare i rami!», «Non rompere i fiori!». Portavo con me tanto cordame da fare invidia all'*Amerigo Vespucci*, mi spostavo come un ninja e facevo il triplo della fatica che avrei fatto su qualsiasi altro albero, ma non aveva importanza: sapevo benissimo che ne sarebbe valsa la pena.

Sì, perché ogni anno, quando la casa era finita e il pesco era fiorito, venivo avvolto da un profumo di frutta tanto intenso da annullare tutto il resto. Come in un bozzolo, abbracciato dai rami, all'ombra delle foglie, non avevo più bisogno di niente e di nessuno. Forse solo del mio coltellino svizzero, con cui tagliavo le pesche che potevo cogliere semplicemente allungando il braccio.

Lasciavo la mia capanna soltanto al tramonto, ma prima mi ricordavo di raccogliere le pesche per il nonno. «Prendi quelle belle morbide!», mi diceva, e io lo accontentavo, anche se preferivo quelle un po' più dure, perché sapevo che lui andava matto per le più mature, le più dolci. Si sedeva sulla sua sedia in giardino, apriva la bottiglia di vino, rosso e freddissimo, e lo versava in una tazza. Tagliava le pesche ancora calde dal sole del pomeriggio e le immergeva nel vino in un gioco irresistibile di temperature, profumi e sapori.

Nel nostro prato, a quei tempi, c'erano ancora le lucciole e con la loro danza intermittente sembrava che volessero dirmi: «La scuola è finita, l'estate è iniziata. Questa stagione è tutta per te».

TARTE TATIN DI PESCHE

INGREDIENTI

PER LA PASTA
- 125 g di farina tipo 00
- 65 g di burro freddo
- 25 ml di acqua fredda
- 1 pizzico di sale

PER LA FARCITURA
- 4 pesche medie
- 80 g di zucchero
- 30 ml di acqua
- 15 g di burro

PROCEDIMENTO

Nella ciotola di una planetaria sabbiate il burro con la farina e un pizzico di sale, quindi aggiungete gradualmente l'acqua fino a ottenere un impasto omogeneo e liscio. Togliete il composto dalla planetaria, avvolgetelo nella pellicola alimentare e fatelo riposare in frigorifero per almeno 4 ore.

Preparate il caramello: versate lo zucchero con l'acqua in una padella e fate scaldare finché inizia a imbrunire. Aggiungete il burro e cuocete ancora per un minuto, poi versate il caramello caldo in una tortiera.

Lavate, sbucciate e tagliate a metà le pesche, quindi eliminate il nocciolo e adagiatele nella tortiera foderata di caramello con la parte tagliata verso il basso.

Estraete la pasta dal frigorifero e stendetela a uno spessore di circa mezzo centimetro, avendo cura di lasciarla più abbondante dei bordi della tortiera. Coprite le pesche con la pasta, schiacciandola bene per farla aderire perfettamente ai frutti. Cuocete in forno statico a 180 °C per circa 35-40 minuti. Sfornate e ribaltate prima di servire.

PESCE

SCARPONI E SCARPATE

9

È ancora buio quando mi alzo dal letto e scendo in soggiorno. La baita è fredda, la stufa si è appena spenta. Nonno e papà sono già svegli e bevono caffè fumante. Non c'è alcun rumore se non quello dei biscotti che vengono scartati e mangiati velocemente. Gli scarponi ci aspettano fuori dalla porta d'ingresso, tanto freddi che quando li indosso un brivido corre per tutta la mia schiena.

Raccogliamo l'attrezzatura, i bastoni e ci dirigiamo verso il bosco: c'è un'ora di camminata per arrivare al torrente. Una camminata difficile e impervia, perché non è che nonno vada a pescare in un luogo semplice da raggiungere come un laghetto sereno. No, la sua teoria è che nei luoghi inaccessibili si peschi di più.

Così scendiamo in una strettissima valletta, un lembo di terra ci mantiene sospesi sopra un pendio a picco sul bosco. Si sente il rumore del torrente sotto di noi: «Dobbiamo scendere ancora», dice nonno Luciano, o meglio nonno Lucio, come lo chiamano tutti. La scarpata è piena di foglie che rendono il terreno scivoloso. Con le mani cerchiamo qualche ramo a cui appenderci per non cadere rovinosamente uno sopra l'altro. Quando arriviamo sul letto del torrente prendiamo fiato, come se tutta la strada l'avessimo fatta in apnea.

Nei laghi e negli spazi aperti si lancia l'esca il più lontano possibile e la si recupera sperando che qualcosa abbia abboccato, ma qui le regole del gioco sono differenti. Non è possibile pescare direttamente nell'acqua corrente, perché i pesci sentirebbero la nostra presenza e si nasconderebbero tra i sassi. Il solo modo è raggiungere le rocce che sovrastano le pozze d'acqua formate dal torrente, individuare quelle più larghe e profonde e lasciar scendere l'esca a pelo della superficie. È un gioco di equilibrio, una prova di resistenza: non certo la classica, rilassante battuta di pesca.

Intorno il bosco inizia a svegliarsi, i primi raggi del sole attraversano le chiome degli alberi e si riflettono sull'acqua creando giochi di luce. Calo la mia esca e osservo i pesci che si avvicinano intimiditi. Improvvisamente sento tirare: «Ha abboccato», penso. Avvolgo lentamente la lenza per evitare che il mio prezioso bottino si liberi. «Ce l'ho fatta», cerco con lo sguardo i miei compagni di avventura e riconosco il nonno dall'altra parte del torrente, appoggiato a un albero, intento ad armeggiare con qualcosa. Mi guarda, io gli sorrido orgoglioso e alzo il pollice per dirgli che sono riuscito a pescare un pesce. Sorride e alza la mano a sua volta, facendomi segno: lui ne ha già pescati tre.

FILETTO DI "LUCIO" E PATATA SFOGLIATA

INGREDIENTI

- 800 g di lucioperca (2 filetti)
- 500 g di patate
- 200 g di pane grattugiato finemente
- 200 g di burro freddo
- 100 g di pasta kataifi
- 100 ml di vino bianco secco
- 50 g di germogli misti
- 50 ml di panna
- 30 g di scalogno
- 20 ml di aceto
- 10 g di caviale
- 2 uova grandi
- 1 mazzetto aromatico misto (timo, alloro, salvia, rosmarino)
- 1 l di olio di girasole per fritture
- olio extravergine di oliva
- sale e pepe

PROCEDIMENTO

Preparate il *beurre blanc*: tritate finemente lo scalogno, quindi mettetelo in una casseruola con il vino bianco e l'aceto. Fate bollire e, una volta ridotto almeno della metà, aggiungete la panna e fate bollire ancora per un minuto. Portate la fiamma al minimo e aggiungete gradualmente il burro freddo tagliato a cubetti, continuando a mescolare con una frusta. Togliete dal fuoco e mescolate per un minuto, quindi fate riposare.

Pelate e tagliate le patate a fette finissime con l'aiuto di un'affettatrice, poi conditele con olio, sale e pepe e disponetele a strati sovrapposti in uno stampo rettangolare alto circa 4 cm, facendo attenzione a non lasciare spazi vuoti e a non creare bolle d'aria tra uno strato e l'altro. Aggiungete sulla sommità qualche erba aromatica, poi coprite con un foglio di carta da forno, adagiatevi sopra un altro stampo colmo di acqua e infornate a 180 °C per 75 minuti. Una volta pronte fate raffreddare le patate, sformatele e tagliatele in rettangoli precisi.

Porzionate i filetti di lucioperca ricavandone sei più piccoli, da 100 grammi ciascuno. Cuocete i restanti 200 grammi in forno con olio, sale, pepe e le erbe aromatiche a 180 °C per 15 minuti. Al termine della cottura sfilettate il pesce e impastatelo con 100 grammi di pane grattugiato e un uovo (potete aggiungere o sottrarre pane a seconda della consistenza del pesce). Formate delle sfere di circa 2 cm di diametro, passatele nell'uovo sbattuto e panatele nel restante pangrattato.

Cuocete i filetti in padella con olio caldo e qualche rametto di timo, 3 minuti per lato, regolando di sale e pepe. Nel frattempo friggete i rettangoli di patata sfogliata, la pasta kataifi e le sfere di lucioperca.

Servite adagiando sul piatto il filetto di lucioperca e ponendovi sopra la pasta kataifi, a lato aggiungete il rettangolo di patata sfogliata con la sua insalatina di germogli condita, una sfera di lucioperca e la salsa *beurre blanc*. Completate il piatto disegnando sulla pasta kataifi un piccolo punto di caviale.

PASTA SFOGLIA

PRONTI, PARTENZA, SPESA

10

In un universo parallelo, probabilmente, è possibile incontrare una versione di me che non è diventata chef, ma che ha continuato a praticare l'hockey su ghiaccio. In questo universo mi sono tolto i pattini per inseguire un altro sogno, ma li ho indossati fin da quando avevo otto anni sul campo regolamentare. Avevo, però, anche un campo alternativo e tutto mio: quello del grande centro di distribuzione alimentare di Varese, dove passavo il sabato mattina con mio padre.

Papà divideva il suo tempo tra la sala del ristorante e la cucina, così avevamo imparato a ritagliarci momenti per stare insieme e spesso "stare insieme" significava seguirlo al lavoro. L'immenso capannone in cui andavamo a fare la spesa aveva corridoi infiniti che, già alla prima occhiata, mi hanno suggerito un'idea: «Papà, la prossima volta posso portare i rollerblade?». Con il suo consenso (e con quello del responsabile della struttura), a partire dal sabato successivo le corsie del centro erano diventate le mie personali piste. Come avevo imparato a fare fin da piccolo, quando inventavo giochi per ogni pianta del frutteto o gareggiavo con i nonni a chi piantava più velocemente una fila di patate, anche la spesa si era trasformata in una sfida.

Appena arrivati papà prendeva la lista e la divideva in due, tracciando una linea con la penna sul foglio di carta: da una parte quello che avrei preso io, dall'altra quello di cui si sarebbe occupato lui. «Devi partire dal fondo, così quando hai finito sei già alla cassa», era stato il suo primo consiglio.

Come uno sciatore al cancelletto di partenza aspettavo il "via", poi entravo sfrecciando e, senza interrompere la corsa, salutavo gli addetti alla vendita che sfilavano alla mia destra e alla mia sinistra.

Dopo poche settimane io e papà eravamo diventati precisi come una squadra di nuoto sincronizzato. Conoscevamo l'uno i movimenti dell'altro. Gli articoli più lontani erano i blocchi per le comande nel reparto cartoleria e, quando tornavo per depositare nel carrello questo primo bottino, sapevo di trovarlo nella corsia del vino. Quando caricavo tra le braccia il detersivo concentrato, lui si stava dirigendo verso le farine. Le cose fresche vanno prese per ultime, perciò mentre papà pensava ai formaggi e al burro per la pasta sfoglia io mi spostavo nel settore ortofrutta. Lì, anno dopo anno, ho imparato a selezionare i prodotti migliori. Assaggiavo le mele, soppesavo le zucchine. Sulle pesche ero particolarmente pignolo, abituato all'eccellenza della pianta del nonno, quella sulla quale costruivo la mia casa sull'albero. I fruttivendoli hanno capito ben presto che facevo sul serio e mi trattavano come l'adulto che sarei diventato.

La scuola mi ha insegnato tanto e lo stesso hanno fatto i miei genitori e i miei nonni, ma non dimentico mai tutto quello che sono riuscito a imparare nelle ore del sabato mattina, in quel grande stabilimento, sulle ruote dei miei pattini in linea.

FINTO STRUDEL DI VERDURE CON SALSA AL POMODORO

INGREDIENTI

- 500 ml di passata di pomodoro
- 300 g di daikon
- 300 g di zucchine
- 300 g di melanzane
- 250 g di pasta sfoglia
- 250 ml di panna
- 1 tuorlo
- ½ cipolla
- basilico (a piacere)
- origano (a piacere)
- olio extravergine di oliva
- sale e pepe

PROCEDIMENTO

Tagliate il daikon, le zucchine e le melanzane a cubetti piccoli e regolari. Affettate la cipolla a julienne. Scaldate un po' di olio in una pentola e fate rosolare la cipolla 2 minuti, poi aggiungete le verdure e cuocete ancora per 7-8 minuti a fiamma viva. Abbassate il fuoco, regolate di sale e pepe e continuate la cottura per altri 10 minuti. Versate la panna sulle verdure e alzate la fiamma per farla addensare. Quando la panna si sarà asciugata, togliete le verdure dal fuoco avendo cura di controllare che non sia rimasto del liquido, per evitare che la pasta sfoglia si bagni. Stendete la pasta sfoglia a uno spessore massimo di mezzo centimetro, adagiate al centro il composto di verdure e arrotolate il tutto come fosse uno strudel. Spennellate la superficie con un po' di tuorlo sbattuto e infornate a 180 °C per 20-25 minuti.

Nel frattempo preparate la salsa, mettendo a cuocere la passata di pomodoro con qualche foglia di basilico o di origano in un pentolino. Lasciate sobbollire per almeno 15 minuti, aggiustate di sale e pepe.

Quando il finto strudel sarà pronto, toglietelo dal forno e affettatelo. Servitelo ben caldo con una generosa cucchiaiata di salsa di pomodoro.

KETCHUP

UN BOCCONE AMARO

11

Oltre a quelli dentro il grande centro di distribuzione alimentare, l'hockey mi ha regalato molti altri momenti indimenticabili. Uno dei ricordi più vividi è il primo *camp* in Svezia: patria dell'hockey su ghiaccio e casa di uno dei più importanti villaggi sportivi che Yanez, il mio allenatore nella HCMV Varese Hockey, mi aveva convinto a frequentare.

Avevo quindici anni e lasciavo per la prima volta l'Italia, da solo, senza sapere una parola di inglese (e tantomeno di svedese). Atterrato a Copenaghen, dopo interminabili minuti passati a cercare senza successo il percorso che avrebbe dovuto portarmi al recupero bagagli, mi sono convinto che non sarei mai arrivato a destinazione. Più che paura di perdermi, ne avevo la certezza. Miracolosamente sono riuscito a individuare il treno per il paese che ospitava il *camp* e a sopravvivere al primo giorno: quello in cui ci veniva illustrato ogni spazio, dalle palestre alla mensa passando per la camerata, in cui non c'erano altro che brandine e materassi. Niente da invidiare alla più classica delle esperienze militari.

La sveglia suonava alle 6:00, l'allenamento iniziava alle 7:30. I ragazzi, provenienti da ogni nazione, erano stati suddivisi in gruppi con il metodo universale delle fasce d'età. Ci si allenava fino a mezzanotte e, fino a mezzanotte, venivo letteralmente massacrato. Ero forte, ma i miei compagni erano molto più forti. Ero alto, ma i miei compagni erano molto più alti.

Dopo tre settimane è arrivato il primo luglio, giorno del mio sedicesimo compleanno. Yanez ha visto il numero disegnato sulla torta e, con sguardo confuso, mi ha chiesto: «Ma tu hai sedici anni?». «Sì», gli ho risposto. «Ah», ha commentato, senza aggiungere altro. Almeno fino al giorno successivo, quando ha confessato: «Sei così alto che pensavo avessi già diciotto anni: ti ho fatto mettere nel gruppo dei più grandi». Ecco perché venivo quotidianamente disintegrato da ragazzi con braccia grosse quanto le mie gambe.

Quella sera, in preda allo sconforto e alla nostalgia, ho sentito la necessità di un piatto di pasta. Emblema dell'Italia e simbolico abbraccio. Per settimane avevo banchettato con le specialità svedesi: polpette, spezzatino, pesce, verdure... ma era arrivato il momento di un sapore familiare, che mi facesse sentire meno solo.

L'aspetto delle penne, lisce e lucide, non era molto convincente. Ho preso la mia porzione di pasta cotta al vapore e una cucchiaiata di sugo, che veniva servito a parte e che non era salsa, ma un mix di ketchup caldo e cetriolini. Dopo un solo boccone, ho posato la forchetta. Era la cosa peggiore che avessi mai mangiato. Sono uscito dalla mensa a testa bassa, tutto mi sembrava in salita.

Una volta tornato a casa e al mio campionato, però, già dalla prima partita della stagione ho capito che la discesa era iniziata: gli avversari mi sembravano piccoli e immobili come birilli. Il peggior piatto di tutta la mia vita era stato il prezzo da pagare per imparare a volare sui pattini.

TRIS DI PATATINE CON KETCHUP CASALINGO

PROCEDIMENTO

Per il ketchup: tagliate finemente la cipolla e mettetela a soffriggere con l'olio. Aggiungete i pelati, schiacciandoli bene con una forchetta per romperli completamente. Fate cuocere per almeno 30 minuti, quindi filtrate con un colino per eliminare i semi e la cipolla. Rimettete sul fuoco aggiungendo gli ingredienti restanti e mescolate molto bene con una frusta per evitare la formazione di grumi. Fate cuocere per altri 20-25 minuti e regolate di sale. Lasciate raffreddare il ketchup e conservatelo in frigorifero.

Per le patatine: lavate accuratamente le patate, poi tagliatele a bastoncini regolari (circa 1 cm di lato). Trasferite in una ciotola con acqua molto fredda e continuate a cambiare l'acqua finché non resterà completamente trasparente. Fate bollire le patatine per circa 8-10 minuti, quindi scolatele e lasciatele raffreddare per almeno un'ora. Scaldate l'olio fino a 110 °C, friggetele per 6-8 minuti, poi toglietele dall'olio, asciugatele bene e fatele raffreddare ancora. Friggetele nuovamente, scaldando l'olio fino a 185 °C, per 4 minuti (o fino a quando non saranno ben dorate). Asciugatele bene, salatele e servitele accompagnandole con il vostro ketchup casalingo. A piacere potete cospargere le patatine con una generosa grattugiata di formaggio appena prima di servirle.

INGREDIENTI

PER IL KETCHUP
- 500 g di pomodori pelati
- 50 g di zucchero
- 45 ml di aceto bianco
- 10 g di fecola di patate
- 3 g di paprika
- 3 g di cumino in polvere
- 3 g di coriandolo in polvere
- ½ cipolla bionda
- olio extravergine di oliva
- sale

PER LE PATATINE
- 1 kg di patate gialle
- 2,5 l di olio monoseme
- Grana Padano grattugiato (a piacere)
- sale

POMODORO

L'ESTATE È "PASSATA"

12

È un giorno all'inizio dell'estate. Uno di quelli in cui l'aria è ancora fresca e il caldo sopportabile. Torno dall'orto con l'ultimo raccolto, mentre il nonno mette insieme tutti i pezzi del macchinario per fare la passata. La nonna è impegnata a sterilizzare una quantità industriale di vasetti di vetro e nella cantina non c'è già più spazio per muoversi: il pavimento è completamente ricoperto da ceste piene di pomodori. Non è un giorno come gli altri, è il Giorno della Salsa. Nella nostra famiglia quello è il vero inizio dell'estate. Il rituale che decreta ufficialmente l'arrivo della bella stagione. Il nostro personale solstizio.

La nonna finisce di asciugare i barattoli, il nonno lava i pomodori e io preparo le foglie di basilico per aromatizzare il sugo, poi finalmente ci sediamo sui piccoli sgabelli attorno al pentolone come stregoni pronti a preparare la nostra pozione magica. Se qualcuno mi chiedesse quale sia per me il profumo dell'estate, risponderei: quello del pomodoro che inizia a cuocere insieme al basilico.

I frutti nel pentolone vanno mossi dolcemente, per evitare che si attacchino sul fondo. È un'operazione delicata e indispensabile, che necessita di attenzione e cura. L'acqua inizia a separarsi dalla polpa, piano piano la raccogliamo con un mestolo e la teniamo da parte: servirà per il brodo di molte preparazioni del ristorante. Solo quando i pomodori sono ben cotti possiamo metterli nell'estrusore. Il suo nome è tutto un programma. Una parola dal suono duro come il rumore che produce una volta acceso. Il nostro estrusore è lo stesso da almeno venticinque anni e fa un baccano infernale. È un pezzo di antiquariato e perciò non si può nemmeno pensare di cambiarlo. Anche perché, come molti strumenti "d'epoca", svolge il suo lavoro egregiamente.

Sempre con delicatezza mettiamo i pomodori nell'imbuto e, attraverso i fori finissimi del cono, arriva la passata che però deve "passare" ancora una volta, perché la polpa diventi fine e liscia.

Solo ora la nonna può finalmente riempire i barattoli e firmarli lasciando al loro interno due foglie di basilico fresco. Ha sempre preferito il rosmarino, nonna Gisella, ma – dopo anni di discussioni – la freschezza del basilico e la mia insistenza l'hanno finalmente convinta. Nonno li chiude con il loro tappo e io li posiziono in un pentolone pieno di acqua pulita che faremo bollire per il sottovuoto.

Ogni anno, durante il Giorno della Salsa, la famiglia è riunita. Ci sentiamo vicini l'uno all'altro, ma nessuno dice una parola. I soli suoni sono quelli intorno a noi: il pomodoro che ribolle, i barattoli che si scontrano e, naturalmente, il nostro chiassosissimo, infallibile estrusore d'epoca.

LASAGNETTA AL RAGÙ DI VERDURE DELL'ORTO

INGREDIENTI PER 4-6 PERSONE

PER LA PASTA
- 400 g di farina tipo 00
- 4 uova
- sale

PER LA BESCIAMELLA
- 750 ml di latte
- 50 g di burro
- 50 g di farina tipo 00
- noce moscata
- sale e pepe

PER IL CONDIMENTO
- 500 g di passata di pomodoro casalinga
- 3 zucchine
- 1 mazzetto di asparagi
- 1 peperone
- 1 cipolla rossa
- 1 melanzana
- Grana Padano grattugiato q.b.
- olio extravergine di oliva

PROCEDIMENTO

Per la pasta: versate la farina a fontana su una spianatoia, realizzate uno spazio al centro e rompete le uova all'interno. Aggiungete un pizzico di sale e impastate fino a ottenere una palla liscia e omogenea. Coprite con pellicola alimentare e lasciate riposare in frigorifero per un'ora.

Per la besciamella: scaldate leggermente il latte sul fuoco. Nel frattempo sciogliete il burro in un pentolino, aggiungete la farina, tostate per qualche minuto e versate nel latte ancora caldo. Mescolate energicamente con una frusta, quindi rimettete sul fuoco fino a quando avrà raggiunto la consistenza desiderata. Condite con sale, pepe e noce moscata.

Per il condimento: tagliate le verdure a julienne; scaldate un filo di olio in una padella e fatele saltare per qualche minuto. Aggiungete la passata di pomodoro e lasciate cuocere per almeno 30 minuti per farla rapprendere.

Con l'aiuto di un matterello stendete la pasta molto sottile e dividetela in fogli grandi quanto la teglia che utilizzerete. Componete la lasagnetta ponendo sul fondo della teglia un foglio di pasta, quindi il condimento di verdure, la besciamella e un po' di Grana Padano. Ripetete l'operazione realizzando almeno cinque strati e completando con una bella spolverata di formaggio grattugiato. Infornate a 200 °C per 20 minuti; prima di tagliarla e servirla, lasciate riposare la lasagnetta per qualche minuto fuori dal forno.

GIARDINIERA

•

IL PARADOSSO DELL'ACETO

13

A differenza di molti miei coetanei, la scuola a me è sempre piaciuta. Non mi piaceva studiare (o perlomeno: non troppo), ma amavo condividere la vita della classe con i miei compagni. Perciò, quando arrivava l'estate, ero felice che l'anno scolastico fosse finito, ma dover salutare gli amici mi lasciava sempre un retrogusto amaro. Non mi sembrava un caso, perciò, che proprio in quelle settimane nonna Gisella preparasse la ricetta agrodolce per eccellenza: la giardiniera di verdure.

Le nonne mettono amore in tutti i loro piatti, ma ci sono alcune preparazioni che di quell'amore diventano un simbolo e quando io penso a mia nonna, penso a questa precisa ricetta, che ho sempre trovato particolarmente "materna". Chissà, forse perché fatta di attesa, fatica e cura.

Di *attesa*, perché per poter raccogliere tutte le verdure contemporaneamente e nel momento giusto, l'orto va preparato con molti mesi di anticipo e la semina delle carote, dei peperoni e dei cavolfiori va calcolata con assoluta precisione.

Di *fatica*, perché l'immagine più viva nella mia memoria è il ricordo di nonna Gisella che fa rotolare una pesantissima, enorme bombola del gas sul pavimento di sasso della cantina. Accaldata e stanca dal lavoro nell'orto, mi lasciava preparare la base fatta di aceto di mele e aceto bianco. Così, io mi occupavo del liquido di conserva e – come Mago Merlino attorno al suo calderone – giravo intorno al pentolone da trenta litri, respirando quei fumi in grado di curare qualsiasi allergia e qualsiasi raffreddore. L'aroma dell'aceto mi restava nel naso per giorni, ma per me non era un problema. Anzi: quello era odore di casa e di famiglia, lo stesso che si libera dai vasi della giardiniera, quando finalmente arriva il momento di aprirli.

Infine, di *cura*. Perché quando entro nella cantina costruita dal nonno – con i ripiani fatti di mattoni e, a terra, la sabbia in cui conservare le bottiglie di vino come una volta – e vedo le file regolari e ordinate di vasetti, so di essere al sicuro. Più la dispensa è piena, più mi sento fortunato, perché c'è qualcuno che si prende cura di me.

Questo è, per noi, il paradosso dell'aceto: un odore che per molti è respingente, che addirittura viene usato come repellente naturale, è il profumo che – più di ogni altro – ci unisce.

GIARDINIERA

INGREDIENTI

- 1,5 l di aceto di vino bianco
- 500 ml di acqua
- 250 ml di vino bianco secco
- 40 g di zucchero
- 40 g di sale
- 5 foglie di alloro
- 3 carote
- 3 coste di sedano
- 2 finocchi
- 2 cipolle rosse
- 1 cucchiaino di pepe in grani
- 1 peperone rosso
- 1 peperone giallo
- ½ cavolfiore

PROCEDIMENTO

Pulite e tagliate a listarelle tutte le verdure. A parte, staccate le cimette del cavolfiore. Mettete sul fuoco una pentola con tutti i liquidi, aggiungendo il sale, lo zucchero, l'alloro e il pepe in grani. Portate a bollore, poi versate le carote, i cavolfiori e i finocchi. Fate bollire per 2 minuti, quindi unite anche il sedano, i peperoni e le cipolle. Fate bollire per altri 2 minuti prima di scolare il tutto, facendo attenzione a conservare il liquido di cottura.

Quando le verdure sono fredde, trasferitele nei vasetti (che avrete precedentemente sanificato insieme ai loro tappi) senza pressarle. Copritele con il liquido di cottura, riempiendo i vasetti fino a 2 cm dall'orlo.

Chiudete i vasetti e poneteli in una pentola con un canovaccio sul fondo. Riempite la pentola di acqua, portatela a bollore e lasciate bollire per circa 30 minuti. Togliete i vasetti dall'acqua, fateli raffreddare leggermente, quindi capovolgeteli per creare il sottovuoto: dovranno restare capovolti finché non si saranno completamente raffreddati.

Prima di consumarla, lasciate riposare la giardiniera per circa tre settimane.

PATATE

LE MANI NELLA TERRA, LA TERRA NELLE MANI

14

Ci sono le persone puntuali e poi c'è mio nonno Luciano che se ti dice: «Ci vediamo alle sei», alle cinque e mezza del mattino sarà già nei campi al lavoro. Non c'è modo di fregarlo.

Nei molti anni in cui abbiamo lavorato insieme nei pascoli e nell'orto ho provato spesso ad anticiparlo nei nostri appuntamenti, ma lui era sempre e comunque pronto prima di me e di mia nonna, che aveva saggiamente imparato ad accettare questa situazione e a non prenderla come una gara come invece facevo io. Specialmente quando si trattava delle patate, perché questo ingrediente straordinario richiede anche una straordinaria quantità di lavoro, di fatica e di tempo. Il nonno accendeva il trattore alle sei (nonostante fossimo d'accordo per le sei e mezza), io lo raggiungevo e nonna Gisella ci seguiva con la macchina. Una Fiat Tempra che mio nonno odiava e che non poteva fare a meno di schernire: «Ah, ecco che arriva la baracca», annunciava mentre iniziava a tirare la traccia con il suo rastrello a due denti. Ci pensava lui, perché le righe dovevano essere dritte. Senza curve, senza sbandamenti: perfette.

Nonna scavava i buchi, alla giusta distanza, perché la patata prende spazio e viaggia sottoterra, senza farsi vedere. Io tagliavo a metà quelle messe da parte l'anno precedente, e finalmente il gioco poteva avere inizio.

Nonno, nonna e io: ognuno di noi sceglieva una fila e – carichi di patate tagliate a metà – cominciavamo a infilarle, una dopo l'altra, nella terra. Il primo a completare una fila avrebbe vinto. Era un lavoro che piegava la schiena e graffiava le mani, ma era uno dei miei giochi preferiti. Sotto il sole di luglio, tutti insieme e in un tutt'uno con i campi e con il mondo intero.

Alla fine di agosto arrivava il momento della raccolta e chiunque abbia vissuto questa esperienza, anche per una volta soltanto, ha sicuramente capito – proprio come l'ho capito io – l'origine e il perché del vecchio detto popolare "l'orto vuole l'uomo morto". Da ogni mezza patata possono nascerne dieci e, avendone piantate un centinaio, si arriva a raccoglierne più di mille.

Porterò per sempre con me la fotografia delle mani di mio nonno che affondano nel terreno diventando parte della terra, per non dimenticare che anche il gesto più semplice può portare a un risultato eccezionale. E che il cibo più povero che esista può essere il più prezioso.

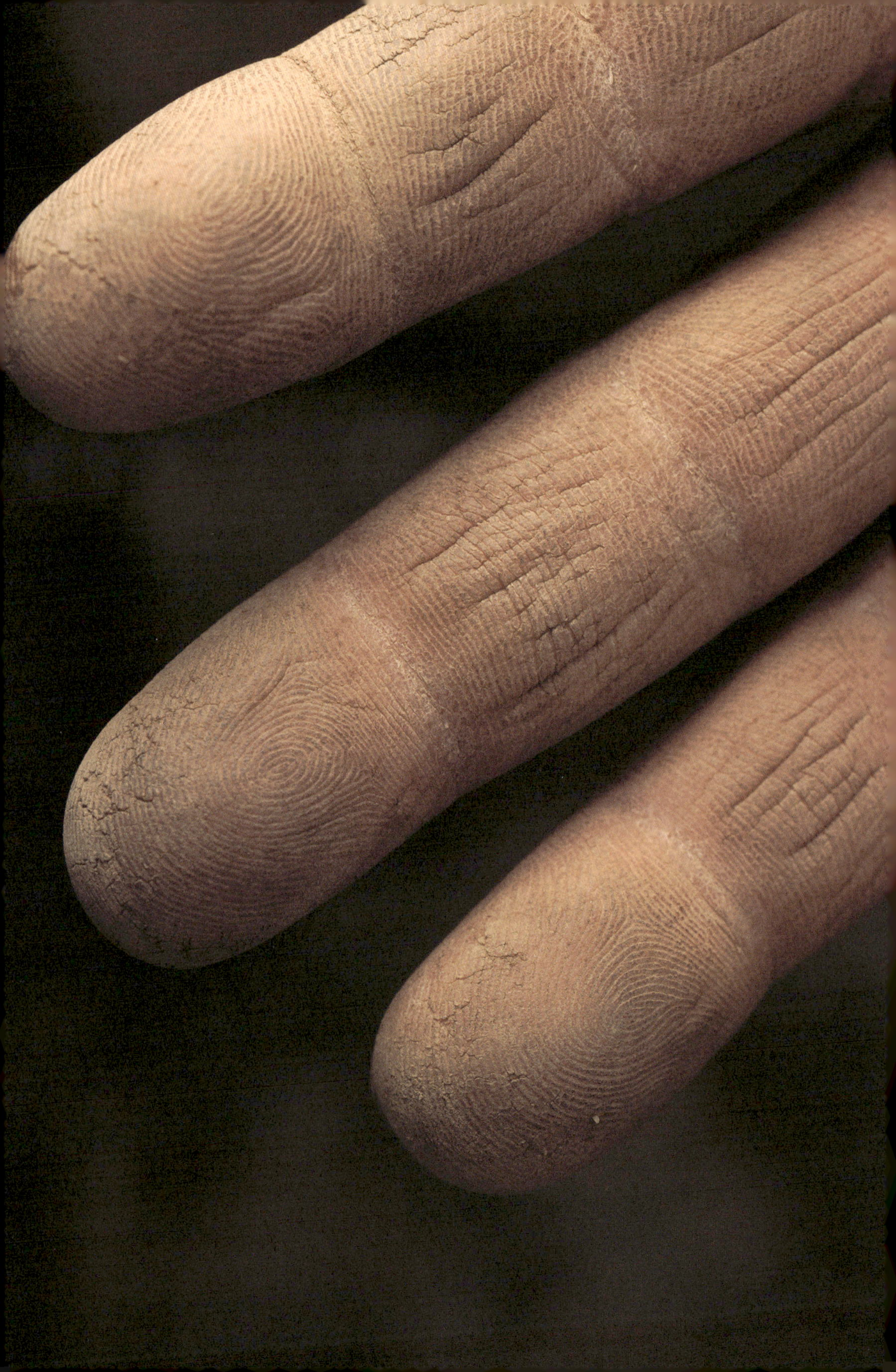

FRITTATA DI PATATE E PREZZEMOLO

INGREDIENTI

- 500 g di patate
- 100 g di Grana Padano grattugiato
- 6 uova grandi
- 1 mazzetto di prezzemolo
- olio extravergine di oliva
- sale e pepe

PROCEDIMENTO

Lavate, sbucciate e tagliate a julienne le patate. In una padella scaldate un filo di olio, poi unite le patate: fate cuocere per 10 minuti regolando di sale e pepe. Una volta pronte, toglietele dalla padella.

In una ciotola sbattete le uova, aggiungete il Grana grattugiato e amalgamate bene. Unite le patate che avete cotto e il prezzemolo (che avrete precedentemente mondato e tritato finemente), sempre mescolando.

Versate un altro filo di olio nella padella di cottura delle patate e, quando sarà ben caldo, trasferite il composto al suo interno. A metà cottura, aiutandovi con un piatto o con un coperchio, girate la frittata e lasciatela dorare anche sull'altro lato. Servite ben calda.

SCIATT

•

MICA ARIA FRITTA

15

Durante l'ultimo anno della scuola alberghiera la mia sveglia era sempre puntata alle 6:30. "Presto" per molte famiglie, ma nella mia non ero certo il primo ad alzarmi. Allora vivevo con mamma e papà sopra il ristorante e, dal nostro appartamento, la scala portava direttamente nella sala principale. Ogni mattina, quando uscivo per andare a scuola, potevo vedere la luce della cucina. Accesa: mio padre era lì da ore, a cercare la ricetta perfetta degli "sciatt".

Servivamo già queste frittelle di formaggio coperte da una pastella di farina di grano saraceno, birra e grappa, tipiche della Valtellina, ed erano buonissime, ma papà non era mai soddisfatto del risultato e aveva deciso di studiare la parte chimica e quella tecnica, per raggiungere la perfezione.

Così, quando aprivo la porta della cucina, venivo letteralmente assalito da un intenso profumo di fritto. Sì, perché per fare le prove a papà non bastava una pentola di olio, ma ne utilizzava almeno una decina. Ognuna con un diverso olio, a temperature differenti, calcolate da altrettanti termometri. Sui taglieri c'erano chili di formaggio già tagliato a cubetti e sui ripiani bacinelle di pastella, realizzate con diverse miscele di farina o con farine dalla macina differente.

«Buongiorno», dicevo.

«Assaggia questa!», rispondeva papà, concentrato sul suo quaderno dalle pagine stropicciate e piene di appunti. Ogni prova era catalogata da numeri che indicavano la temperatura dell'olio, la tipologia di pastella e da una targhetta di nastro adesivo che identificava il prodotto finito. Tutto era organizzato, inventariato, registrato. Tutto era, in una parola: perfetto.

La sperimentazione e la ricerca, lo ammetto, hanno entusiasmato anche me. Per un po', almeno. Perché secondo la mia opinione avevamo già trovato la ricetta ideale almeno cento prove prima. E perché, alle 6:30 del mattino, senza aver fatto colazione, del fritto cominciavo decisamente a non poterne più.

Con riluttanza assaggiavo la prima "prova", poi passavo alla seconda e alla terza. Papà mi guardava e attendeva ansioso un responso, ma l'unica cosa che volevo fare era andare a scuola. E questo la dice lunga. Sorridevo, mandavo giù e cercavo di dare a papà un parere professionale, perché la sua costanza e la sua perseveranza erano doti che ammiravo profondamente. Spesso, però, quello a cui pensavo era semplicemente che ero davvero stufo di andare a scuola sapendo di fritto.

SCIATT DI CASERA E CICORINO

INGREDIENTI

- 200 g di Casera non stagionato o formaggio Latteria
- 300 g di farina di grano saraceno
- 150 g di farina tipo 00
- 2 bicchieri di birra chiara
- 2 bicchieri di acqua frizzante
- 1 ceppo di cicorino verde
- olio di semi di mais per fritture
- 8 cucchiai di olio extravergine di oliva
- 4 cucchiai di aceto di lamponi
- sale e pepe

PROCEDIMENTO

In una bastardella unite le farine, 15 grammi di sale e un pizzico di pepe, poi versate i bicchieri di acqua frizzante e di birra chiara.

Tagliate il formaggio a cubetti di circa 2 cm per lato, poi tuffateli nella pastella mentre mettete abbondante olio di semi di mais a scaldare sul fuoco.

Nel frattempo preparate la vinaigrette: mettete l'olio extravergine, un pizzico di sale e l'aceto di lamponi in uno shaker e mixate fino a ottenere una salsina vellutata.

Una volta raggiunta la temperatura dell'olio (140 °C), tuffate, con l'aiuto di due cucchiai, i cubi di formaggio pastellati all'interno della padella e fateli friggere per circa 45 secondi, girandoli di tanto in tanto.

Scolateli su carta assorbente e impiattate ponendo sulla base del piatto il cicorino, tagliato fine e condito a piacere, e adagiandovi sopra gli sciatt molto caldi.

POLENTA

TESTE CALDE E ACQUA BOLLENTE

16

All'Istituto Alberghiero De Filippi di Varese la mia classe godeva di una certa fama. Nei cinque anni delle superiori avevamo dimostrato attitudini e impegno, ma anche di saper essere scapestrati in modo particolarmente creativo. Durante le ore di lezione imparavamo l'economia e la cucina, ci preparavamo a un futuro da chef e sommelier. Oggi i miei compagni portano avanti ristoranti stellati o dirigono locali in ogni parte del mondo, ma allora – quando suonava la campanella – potevate vederci trasformare le grandi teglie gastronomiche in slittini e lanciarci a rotta di collo nella discesa che portava agli spogliatoi. Erano ragazzate, a volte pericolose, ma sempre innocenti e in grado di strappare ai professori sia un rimprovero che un sorriso.

Così, il giorno che abbiamo deciso di preparare la polenta in classe, l'abbiamo fatto con la nostra ben rodata metodica follia. Ci siamo procurati un paiolo, un fornelletto da campo da posizionare sul piccolo balcone esterno e qualche bombola del gas. Nei cambi dell'ora avremmo cambiato anche la bombola e per l'intervallo avremmo servito all'intera classe polenta e gorgonzola. Avevamo studiato attentamente la logistica e incaricato Alain, che aveva il banco accanto alla finestra, di mescolare e controllare l'andamento dei lavori.

«Prof! Ho caldo, posso aprire la finestra per favore?», Alain doveva ingegnarsi, perché il piano presentava qualche ostacolo: «Ma se è dicembre? Come fai ad avere caldo?», rispondevano a turno i professori. Allora noi, prontamente, arrivavamo in soccorso: «Sì, prof, c'è davvero caldissimo qui dentro!».

Tutto procedeva nel migliore dei modi, ma a poco più di mezz'ora dall'intervallo siamo stati sorpresi dal suono violento della sirena antincendio. Grazia, la custode della scuola, sulle scale gridava: «Al fuoco! Al fuoco!». In pochi minuti l'istituto è stato evacuato, giusto in tempo per l'arrivo dei Vigili del Fuoco in tenuta, velocissimi e impavidi, proprio come nei film.

Io, Marco, Daniele, Stefano e Alain abbiamo iniziato a scambiarci occhiate preoccupate. Si sentiva la voce del Maresciallo a colloquio con il Preside: «Abbiamo ricevuto una chiamata dall'abitazione di fronte: il vicino ha segnalato un fumo denso in prossimità del primo piano».

«Ehm... prof?», ho preso coraggio e mi sono avvicinato al professor Bernasconi, di economia. «Stavamo cucinando la polenta sul balcone... non è che sono venuti per noi?»

Il resto è storia: le urla del professore, la faccia impietrita del Maresciallo di fronte alla colonna di vapore acqueo che si alzava dal nostro paiolo, le risatine dei compagni. Non so dire come abbiamo fatto, quella volta, a evitare la sospensione, ma sono certo che ognuno dei presenti non potrà fare a meno di ripensare a quel giorno ogni volta che si troverà nel piatto un cucchiaio di polenta.

CROSTONI DI POLENTA AL FORNO CON TARASSACO E BORRAGINE

INGREDIENTI

- 400 g di farina di mais per polenta
- 200 g di tarassaco
- 200 g di borragine
- 1 peperoncino piccante fresco piccolo
- 1 spicchio di aglio
- ghiaccio q.b.
- filetti di acciughe (a piacere)
- olio extravergine di oliva
- sale e pepe

PROCEDIMENTO

Versate la farina in un paiolo con acqua bollente salata e mescolate con una frusta. Quando la polenta sarà pronta riversatela in uno stampo rettangolare ben oliato e non molto alto, fatela raffreddare e riponetela in frigorifero per almeno 4 ore.

Nel frattempo pulite e lavate il tarassaco e la borragine, sbollentateli separatamente per 5 minuti in acqua bollente leggermente salata e fateli raffreddare immediatamente in acqua e ghiaccio per bloccare la cottura. Una volta freddi, scolateli e strizzateli molto bene per eliminare tutta l'acqua.

Prendete due padelle, scaldate un filo di olio e aggiungete mezzo spicchio di aglio e mezzo peperoncino in ognuna. Fate saltare la borragine e il tarassaco separatamente nelle due padelle a fiamma viva per 5 minuti, regolando di sale e pepe (se volete potete aggiungere 2-3 filetti di acciughe in ogni padella).

Sformate la polenta e tagliatela in rettangoli regolari di circa 1 cm di altezza. Disponeteli su una teglia con carta da forno, ungeteli leggermente e infornateli a 210 °C per 3-4 minuti, finché saranno ben dorati. Toglieteli dal forno e adagiateci sopra le verdure spadellate, alternando un rettangolo con il tarassaco a uno con la borragine. Servite i crostoni ben caldi.

GIN

EROI PER UN GIORNO DI SCUOLA

17

Un giorno di febbraio della quinta superiore, la mia scuola rischiò di andare a fuoco. Questa volta per davvero, ma facciamo un passo indietro.

I professori dell'alberghiero affidavano agli studenti più grandi e meritevoli il compito di supervisionare e monitorare le classi inferiori. Al netto di un 4 fisso in matematica, io rientravo – così come il mio compagno di scuola, e di molte future avventure, Marco – in questa indaffarata categoria. La cucina dell'istituto era un enorme rettangolo di più di venti metri quadrati, diviso da un grande muro che separava le varie zone. Antipasti, aperitivi, dolci, primi, secondi e la plonge: ogni mattina venivamo divisi in partite da cinque persone ciascuna e, a rotazione, tutti imparavano a fare tutto.

Quel giorno, lo stesso in cui era arrivata la nuova e tanto attesa macchina del gelato, ero stato incaricato di controllare una classe prima insieme a Marco. Di solito, in cucina, c'era sempre un grande movimento, ma in quel preciso istante eravamo soltanto in quattro. Io e Marco studiavamo il nuovo macchinario nella pasticceria e nel frattempo, nascosti dal muro divisorio, sorvegliavamo due studenti che pulivano la zona della plonge. Tutto procedeva senza emozioni, né preoccupazioni, almeno fino a quel botto allucinante. Un fortissimo scoppio proveniente proprio da lì.

Subito dopo il boato, io e Marco – increduli – abbiamo avvistato una palla di fuoco e, da quella palla di fuoco, è emerso uno dei due ragazzi che si trovavano sotto la nostra supervisione. La manica della sua divisa era in fiamme. Il suo compagno lo seguiva, a breve distanza, con i capelli incendiati. Li abbiamo raggiunti in un baleno, ma terminata la corsa non sapevamo più cosa fare. Io ho afferrato un tubo dell'acqua dal lavello più vicino e ho spento la manica del primo. Marco, d'istinto, ha brancato l'altro e gli ha spinto la testa infiammata nella vasca di scarico dei piatti sporchi.

Attirati dalle urla sono arrivati professori e studenti – la voce si è sparsa più velocemente dell'incendio – e, tutti muniti di secchi, hanno spento le fiamme sui tavoli e sulle attrezzature.

Cos'era successo? I due geniali aspiranti chef avevano utilizzato dodici litri di alcol rosa per "pulire" ogni superficie. Avevano letteralmente innaffiato i lavandini, i banconi e le macchine. Poi, non si sa bene con quale risultato in mente, avevano dato fuoco all'alcol.

«Grazie, grazie, chef!», ripetevano senza sosta i due piromani, che io e Marco avevamo trascinato in bagno, perché si rimettessero in sesto. Quello che li aspettava era, nel migliore dei casi, una sgridata leggendaria e, nel peggiore, una bella sospensione. Io e Marco? Beh, noi siamo stati trattati da eroi. Almeno per quel giorno di scuola.

POLLETTO RUSPANTE IN CROSTA DI SFOGLIA, ASPARAGO BIANCO ALLA BRACE, GIN TONIC AL FERMENTATO DI FUNGHI

INGREDIENTI

PER IL FERMENTATO DI FUNGHI E MELA
- 200 g di funghi champignon
- 80 g di miele
- 2 mele verdi

PER IL POLLO IN CROSTA
- 4 petti di pollo interi
- 100 g di carne di pollo
- 800 g di pasta sfoglia
- 50 ml di panna
- 2 tuorli
- crema di fermentato di funghi e mela

PER L'ASPARAGO BIANCO
- 1 mazzetto piccolo di asparagi bianchi
- 40 ml di fermentato di funghi e mela
- 30 g di burro
- xantano q.b.

PER IL GIN TONIC AL FERMENTATO DI FUNGHI
- 200 ml di gin tipo London Dry
- 160 ml di fermentato di funghi e mela
- acqua tonica q.b.
- ghiaccio q.b.

PROCEDIMENTO

Per il fermentato di funghi e mela: tagliate i funghi e le mele a pezzi, metteteli in un barattolo di vetro, aggiungete il miele e coprite con acqua. Coprite il barattolo con una garza e riponete in un luogo buio per 5 giorni, poi chiudete il vasetto con un tappo e trasferite in frigorifero per almeno 3 settimane, aprendo il vasetto ogni 3 giorni circa per far sfiatare il fermentato.

Filtrate il fermentato con un colino a maglia fine, ponete il liquido in una pentola e fate bollire per 5 minuti, quindi fate raffreddare completamente. Frullate la parte solida fino a ottenere una crema abbastanza omogenea. Cuocetela in padella per circa 10 minuti (o fino a quando il liquido ancora presente si sarà asciugato), poi lasciatela raffreddare.

Per il pollo in crosta: tagliate in due i petti interi. Frullate la carne di pollo con la panna per ottenere una mousse e adagiatela tra i due petti tagliati formando una sorta di sandwich. Arrotolate con la pellicola alimentare formando un cilindro e fate riposare almeno 12 ore in frigorifero. Cuocete il roll di pollo *sous vide* a 68 °C per 2 ore. Fate raffreddare e tagliate in cilindri di circa 5-6 cm di altezza. Tirate la sfoglia e realizzate dei dischi di 20 cm di diametro (ne servono almeno due per ogni cilindro di petto di pollo): sul primo disco disponete il cilindro in verticale, aggiungete un po' di crema di fermentato di funghi e mela sulla superficie e chiudete il tutto con il secondo disco. Sigillate bene i bordi e spennellate con il tuorlo. Infornate a 210 °C per 20 minuti.

Per l'asparago bianco: pulite gli asparagi e cuoceteli sul barbecue, spennellandoli di tanto in tanto con il burro. Prendete una parte del liquido fermentato ormai freddo e frullate con un frullatore a immersione aggiungendo a poco a poco lo xantano, fino a ottenere un gel, da usare come base per l'impiattamento.

Per il gin tonic: riempite i bicchieri adatti con del ghiaccio, quindi versate il gin e il fermentato e completate con l'acqua tonica. Servite il drink con il pollo in crosta di sfoglia.

CASTAGNE

L'AUTUNNO È LA STAGIONE PIÙ DOLCE

18

Sono passati sedici anni dal giorno in cui io e mio nonno abbiamo piantato questi alberi. Dopo una settimana di pulizia e di preparazione delle rive, avevamo scavato le buche che avrebbero accolto i nostri venti marroni francesi. Nulla era stato lasciato al caso: le buche dovevano avere almeno ottanta centimetri di profondità e andavano riempite in modo ben preciso, partendo da uno strato di ciottoli. «Sota la pianta gha vor na ceretada da rut», dice sempre il nonno: «Sotto la pianta ci vuole una carrettata di letame». E infatti, dopo i ciottoli, si passava al concime, che era mio compito portare con la carriola. Solo allora si poteva adagiare l'albero, per poi coprire le radici con altra terra e altro letame. Infine ci voleva una bella annaffiata per far scendere la terra delicatamente, senza schiacciarla.

Ora che il castagneto è cresciuto, tutti noi non vediamo l'ora che sia autunno per andare a raccoglierne i frutti. Io, Eleonora, i bambini, i nonni: ognuno fa la sua parte. Elan e Alisea schiacciano i ricci con i loro stivaletti per far uscire le castagne, io le raccolgo con i guanti e le metto nel secchio. Eleonora svuota tutti i secchi nella carriola che toccherà a me spingere, consapevole che oltre al peso delle castagne ci sarà quello dei bambini seduti al suo interno. Il nonno ha costruito una panca di sasso nel castagneto per sedersi durante la raccolta, per riposare all'ombra dei rami, per controllare le sue piante e osservare il lento scorrere del tempo. Stringe il suo bastone di nocciolo: non gli serve per camminare, ma è un utile alleato nelle passeggiate in campagna. Guardo i bambini ridere e correre insieme ai nostri cani e penso che tutto questo è un bellissimo gioco. Lo è stato per me quando ero piccolo, lo è per loro e lo sarà un giorno per i loro figli.

Dopo aver spinto la carriola su per la riva che dal castagneto porta alla nostra casa, dividiamo i marroni e li posizioniamo sulle graticole, cornici in legno sulle quali disporre con cura le castagne. Finiranno sul balcone: nelle giornate di sole le porteremo fuori e in quelle di pioggia le tireremo al coperto. Per ottenere il migliore dei risultati l'ideale è lasciarle asciugare intere. È un lungo processo che richiede tempo e pazienza, ma porterà una giusta ricompensa. Dopo tre mesi arriva finalmente il momento di mettere le castagne nei sacchi di iuta e batterle per togliere tutta la buccia, lasciando soltanto una noce bianca come la luna. Questo è un compito che spetta unicamente al nonno. Nessuno saprà mai farlo bene come lui.

IL NOSTRO MONTE BIANCO

INGREDIENTI

PER IL CREMOSO AL CIOCCOLATO E WHISKY
- 50 ml di latte
- 50 ml di panna
- 50 g di cioccolato fondente al 70%
- 20 g di tuorli
- 10 g di zucchero
- 10 ml di whisky

PER LE MERINGHE
- 200 g di zucchero
- 100 g di albumi a temperatura ambiente
- 1 g di sale
- succo di limone q.b.

PER LA CREMA DI CASTAGNE
- 400 g di castagne pelate
- 100 ml di panna da montare
- 1 stecca di cannella
- 1 bacca di vaniglia
- 1 bicchiere di rum

PER COMPLETARE
- 160 ml di panna da montare
- 100 g di castagne sciroppate
- zucchero a velo q.b.

PROCEDIMENTO

Per il cremoso al cioccolato e whisky: in una casseruola riscaldate il latte, la panna, il whisky, lo zucchero e i tuorli fino a raggiungere una temperatura di 82 °C, poi togliete dal fuoco e aggiungete il cioccolato mescolando continuamente, finché quest'ultimo non sarà completamente sciolto. Emulsionate con il frullatore a immersione e fate riposare in frigorifero per almeno 12 ore.

Per le meringhe: fate schiumare leggermente gli albumi con l'aggiunta del sale e di qualche goccia di succo di limone, poi aggiungete gradualmente lo zucchero finché il composto risulta lucido e ben stabile. Stendete quindi l'impasto, controllando che il suo spessore non superi il centimetro, su una teglia foderata con carta da forno. Aiutandovi con uno spiedino in legno, tracciate sulla superficie dell'impasto dei piccoli triangoli, quindi infornate a 75 °C per 3 ore circa. Terminata la cottura lasciate raffreddare e tagliate lungo i segni, facendo attenzione a non rompere i triangoli.

Per la crema di castagne: aprite a metà la bacca di vaniglia e fate bollire le castagne con tutti gli ingredienti, tranne la panna, fino a quando risultano completamente morbide, poi togliete la stecca di cannella e la bacca di vaniglia e frullate (se volete potete passare il composto ottenuto con un setaccio e una spatola in gomma per raggiungere una consistenza molto liscia). Aggiungete la panna semimontata e conservate in frigorifero.

Per completare: montate la panna per la guarnizione finale e iniziate ad assemblare. Ponete un cucchiaio di cremoso al cioccolato sul fondo di una coppa per dolci, poi qualche pezzetto di castagna sciroppata e una piccola cucchiaiata di crema di castagne. Aggiungete la panna, la crema di castagne a spaghetti (potete realizzarli servendovi dell'apposito strumento o di uno schiacciapatate con fori piccoli), infine ultimate con qualche altro pezzetto di castagna sciroppata, i triangoli di meringa e una spolverata di zucchero a velo.

GELATO

PER SEMPRE

19

Ci sono alcune date impossibili da ricordare e altre che non si possono proprio dimenticare. È sabato 20 aprile 2013 e sono in centro a Varese con Simon, il mio maître: dobbiamo scegliere il regalo di compleanno di un amico comune.

È una primavera freddissima, ma questo non ci impedisce di fermarci a prendere due gelati e di mangiarli all'aperto, tra il servizio del pranzo e quello della sera, sulle panchine in sasso dell'isola pedonale. Cassata con ricotta di capra e pistacchio per me, la celebre Coppa Varese con amaretto di Saronno e vaniglia per Simon. Non c'è molto da fare, nella "piazzetta del piantone". Il soprannome della piazza deriva da un enorme, gigantesco albero che d'estate ci regala la sua ombra e che, in questo gelido sabato di aprile, si limita a farci compagnia mentre gustiamo i nostri gelati e guardiamo la gente passare o passeggiare.

A un certo punto alzo gli occhi. E la vedo. Jeans, maglioncino, stivali alti, una cartellina piena di documenti e lo sguardo di chi sta cercando qualcosa. Mi piacerebbe che stesse cercando me, che mi perdo per qualche istante a fissarla imbambolato prima di girarmi verso Simon per controllare che l'abbia vista anche lui. Voglio essere certo che sia reale e non solo frutto della mia immaginazione. Simon annuisce, io decido di indossare la mia faccia più tosta e andare a parlarle, ma – nel brevissimo lasso di tempo che mi serve per rimettere a fuoco lo sguardo – è sparita. Si è volatilizzata. Di lei non c'è più alcuna traccia.

«Simon, alzati!», lo obbligo. Lui non ne vuole sapere: «Ma dove vuoi andare? È andata via». «Dai, muoviti che la troviamo.» Lo convinco a perlustrare e scandagliare tutta la piazza e persino le zone limitrofe. Per otto, dieci minuti la cerco – la cerchiamo – in ogni negozio, in ogni bar, ma senza alcun successo. L'abbiamo persa.

Guardo Simon sul marciapiede opposto e, rassegnato, mi avvicino alla strada per attraversare e raggiungerlo. Sento di aver perduto qualcosa di estremamente prezioso che nemmeno sapevo di avere. Controllo alla mia destra che non arrivino automobili. E la vedo. Proprio lì, a due passi da me, ancora con quello sguardo interrogativo. Stavolta non mi faccio trovare impreparato. «Non è che per caso stai cercando qualcuno che ti offra un gelato?», le chiedo.

«Con questo freddo? Anche no», risponde immediatamente. Ammetto che mi aspettavo e mi auguravo una risposta ben diversa. La strada è libera, possiamo attraversarla e così facciamo, l'uno accanto all'altra, in un silenzio che dura una frazione di secondo, ma che a me sembra infinito.

Arriviamo dall'altra parte della strada, Eleonora si gira verso di me e cambia la mia vita per sempre. «Però un tè caldo sì, se ti va».

GELÉE AL SAMBUCO, BAVARESE ALLA CILIEGIA E GELATO ALLE GEMME DI ABETE

PROCEDIMENTO

Per il gelato: scaldate il latte a 70 °C, aggiungete le gemme e lasciate in infusione in frigorifero per almeno 24 ore. Estraete e filtrate il latte dalle gemme, aggiungete gli altri ingredienti e scaldate a 85 °C. Togliete dal fuoco e omogeneizzate con un frullatore a immersione. Raggiunta la temperatura ambiente, mettete nel mantecatore per ottenere il gelato. Fate riposare per 2 ore in freezer.

Per la gelée: scaldate l'estratto di sambuco a 80 °C, aggiungete la gelatina ammollata e mescolate per farla sciogliere. Versate la gelée negli stampi a semisfera fino a un'altezza di circa 1 cm (conservando la restante) e mettete in freezer per 1 ora.

Per la bavarese: mescolate il latte, i tuorli, lo zucchero e 30 ml di panna, poi scaldate a 82 °C e togliete dal fuoco. Unite la gelatina ammollata e fate raffreddare a temperatura ambiente. Aggiungete la purea di ciliegia e la restante panna semimontata. Versate la bavarese negli stampi sferici e mettete in congelatore per almeno 8 ore. Estraete quindi le sfere dagli stampi e posizionatele negli stampi a semisfera con fondo di gelée di sambuco. Versate altra gelée fino al bordo, in modo da inglobare la bavarese, e riponete in freezer per 6 ore.

Per il crumble: sminuzzate gli amaretti, poi unite gli altri ingredienti e impastate fino a ottenere una consistenza sabbiosa. Infornate a 160 °C per 20 minuti.

Per la cialda: frullate tutti gli ingredienti, poi portate a bollore in un pentolino. Fate andare per 4 minuti a fuoco basso, stendete il composto a uno spessore massimo di 2 mm su una teglia foderata con carta da forno e infornate a 100 °C per 3 ore, aprendo il forno ogni tanto per far fuoriuscire l'umidità.

Per la salsa: frullate la purea di ciliegia con lo xantano per ottenere una salsa densa.

Sformate la gelée e fate scongelare per almeno 6 ore, quindi servite su un piatto con qualche punto di salsa alle ciliegie, pezzetti di cialda alla ciliegia attorno alla gelée, il crumble di amaretti e una quenelle di gelato alle gemme di abete sulla superficie.

INGREDIENTI PER 8-10 PERSONE

PER IL GELATO ALLE GEMME DI ABETE
- 500 ml di latte
- 130 ml di panna
- 100 g di zucchero
- 50 g di gemme di abete
- 30 ml di latte in polvere
- 40 g di destrosio
- 3 g di neutro 5 per gelati

PER LA GELÉE AL SAMBUCO
- 500 g di estratto di sambuco
- 20 g di gelatina

PER LA BAVARESE ALLA CILIEGIA
- 260 ml di panna
- 170 g di purea di ciliegie
- 70 ml di latte
- 20 g di tuorli
- 20 g di zucchero
- 7 g di gelatina

PER IL CRUMBLE DI AMARETTI
- 125 g di farina tipo 00
- 100 g di burro
- 50 g di zucchero di canna
- 65 g di amaretti secchi
- 1 pizzico di sale

PER LA CIALDA ALLA CILIEGIA
- 200 g di purea di ciliegie
- 25 g di zucchero
- 25 g di fecola di patate
- 50 g di albume

PER LA SALSA ALLA CILIEGIA
- 100 g di purea di ciliegie
- 1 g di xantano

ATTREZZATURA
- stampi in silicone sferici (ø 4 cm)
- stampi in silicone a semisfera (ø 8 cm)
- mantecatore per gelato

HAMBURGER

LA PRIMA RICETTA NON SI SCORDA MAI

20

Avevo ventitré anni quando mi sono offerto di cucinare per Eleonora per la prima volta. Per ore non ho fatto altro che pensare a quale fosse il miglior piatto per lei, il piatto che avrebbe fatto colpo, che l'avrebbe conquistata, ma per quanto mi impegnassi proprio non riuscivo a trovare l'idea perfetta. Ho passato in rassegna tutti i primi, i secondi, i dolci. Tutte le preparazioni che la mia memoria riusciva a ricordare: più o meno complesse, più o meno veloci. Sono andato a fare la spesa al mercato senza un'idea, ma deciso a essere pronto a ogni evenienza e preparato a ogni possibilità. Al ritorno avevo un carrello pieno di ingredienti. E di dubbi.

Potrebbe sembrare strano, visto il lavoro che faccio, immaginarmi terrorizzato davanti alla scelta di un piatto, ma già allora sapevo quanto fosse importante quell'incontro. A volte, come nei romanzi, basta uno sguardo per capire che quella che hai di fronte è la persona della tua vita e l'ultima cosa che un giovane chef vuole sbagliare è la cena nel giorno del primo appuntamento.

Così ho lasciato che i pensieri si rincorressero liberi dentro la mia testa, a volte scontrandosi e creando una confusione assordante, finché a un certo punto una voce si è fatta sentire (che fosse la voce della ragione?): «Forse non è così complicato, forse non serve faticare affatto». Allora tutte le altre voci si sono zittite, tutte le domande sono scomparse, lasciandone una soltanto, a cui rispondere era facile: «Che cosa mi fa stare bene quando cucino per qualcuno?». Avevo capito che il piatto giusto era quello che mi rappresentava al meglio, dopotutto le ricette parlano di noi e le nostre emozioni si mescolano agli ingredienti. Volevo una ricetta onesta e sincera, come ciò che provavo per Eleonora, e che cosa c'è di più onesto e sincero di un buon hamburger?

Nelle mie borse piene di spesa c'era tutto. Tutto, tranne la carne di manzo. Mi sono precipitato ad aprire il frigorifero e, per fortuna, avevo carne di tacchino e lardo: un'accoppiata vincente, ma serviva ancora qualcosa che regalasse alla ricetta un tocco indimenticabile. Proprio quella mattina, come un fortunato caso del destino, la nonna mi aveva portato un cavolo rosso appena colto dal nostro orto. Infine, in cantina, c'erano le mele verdi pronte a regalarmi tutta la loro acidità e dolcezza. Quando l'idea è quella giusta, ogni cosa si incastra alla perfezione, proprio come accade tra le persone.

Ho iniziato a cucinare, la tavola era già pronta. Non restava altro da fare che aspettare Eleonora.

BURGER DI TACCHINO CON INSALATA DI MELE E CAVOLO CON AIOLI

INGREDIENTI

PER 10 PANINI
- 250 ml di latte fresco
- 200 g di farina tipo 00
- 200 g di farina manitoba
- 40 g di burro
- 20 g di zucchero
- 10 g di lievito di birra secco
- semi di sesamo (a piacere)
- sale (un pizzico)

PER I BURGER
- 800 g di fesa di tacchino
- 200 g di lardo
- 3 cucchiai di senape al miele
- 2 cucchiai di ketchup (o concentrato di pomodoro)
- 1 spruzzata di aceto di mele
- sale e pepe

PER L'INSALATA
- 1 mela verde
- ½ cavolo rosso
- 5 cucchiai di aceto di mele
- 1 cucchiaio di zucchero
- 1 cucchiaio di senape in grani
- 1 cucchiaio di yogurt
- sale

PER LA SALSA AIOLI
- 200 ml di olio di mais
- 1 uovo a temperatura ambiente
- 1 cucchiaio di aglio orsino o aglio fresco schiacciato
- 1 cucchiaio di senape in grani
- succo di ½ limone
- 2 cucchiai di olio extravergine di oliva
- sale e pepe

PER COMPLETARE
- formaggio dolce (a piacere)

PROCEDIMENTO

Per il pane: unite tutte le parti secche e amalgamatele. Aggiungete il burro e il latte e lavorate l'impasto con una planetaria fino a quando non risulta morbido e liscio. Formate delle palline da circa 50 grammi l'una e lasciatele lievitare a temperatura ambiente coperte da un canovaccio per almeno un'ora e mezza. Una volta lievitate, spennellatele con un goccio di latte e cospargete con i semi di sesamo. Cuocete in forno statico a 175 °C per circa 20 minuti.

Per i burger: dopo aver accuratamente tritato la carne, conditela con il resto degli ingredienti e formate gli hamburger, poi lasciateli riposare coperti a temperatura ambiente. Per una cottura ottimale è sempre meglio cuocere la carne a temperatura ambiente (non fredda, com'è appena tolta dal frigorifero).

Per l'insalata: tagliate finemente la mela e il cavolo dopo averli accuratamente lavati. Conditeli con aceto di mele, zucchero, senape in grani e yogurt. Regolate di sale e lasciate marinare per almeno 20 minuti.

Per la salsa aioli: versate tutti gli ingredienti all'interno di un frullatore a immersione e frullate, facendo attenzione a non incorporare aria, fino a quando la maionese non risulta ben densa e cremosa.

Farcite gli hamburger con la carne ben arrostita, l'insalata di cavolo, la salsa aioli e, se gradite, un formaggio dolce a piacere.

CURRY

POLLO AL CURRY SENZA CURRY

21

Possiamo dirlo? Mia moglie, Eleonora, non è mai stata una grande cuoca. Fa un tiramisù fenomenale, ma quella è un'altra storia e un capitolo differente di questo libro e della nostra vita. Questo è il racconto di una giornata come le altre, destinata però a essere ricordata a lungo.

Eleonora aveva deciso di farmi una sorpresa cucinando uno dei miei piatti. È da sempre innamorata del pollo al curry, nonostante richieda molti passaggi e assoluta precisione. Anzi, la metodica preparazione è uno dei motivi di tanta passione. Così, ho fatto la spesa e le ho lasciato gli ingredienti sul tavolo della cucina. Già pronti, ogni spezia nella propria ciotola.

Non avevamo ancora i bambini, allora: mangiavamo spesso seduti per terra, sul tavolino del soggiorno. Con la schiena appoggiata ai cuscini del divano, guardando un film. Mentre lei cucinava, io allestivo il tavolino cercando, ogni manciata di minuti, di spiare i suoi movimenti.

«Via dalla cucina!», mi redarguiva immediatamente. Non voleva essere distratta, concentrata com'era nell'esecuzione di ogni piccolo passaggio. Sembrava alle prese con un'equazione matematica irrisolvibile. I capelli raccolti, il grembiule legato in vita e un grande punto interrogativo che aleggiava sopra la sua testa. Non voleva darlo a vedere, ma era in difficoltà. I profumi, però, c'erano tutti ed erano quelli giusti, così come i suoni della cucina.

«Ci siamo, scegli il film», mi ha detto, alla fine, con lo sguardo più sereno, perché ogni tassello della ricetta aveva trovato il proprio posto per comporre lo straordinario puzzle che aveva in mente.

Eleonora è arrivata con due piatti e un sorriso accecante. Il riso era cotto alla perfezione, il pollo era ben arrostito. C'era solo una cosa che proprio non mi tornava. Avrei potuto restare in silenzio, ma non sono riuscito a trattenermi. Sono scoppiato a ridere. «Amore, è bellissimo, ma non ti sembra un po'... pallido?» Eleonora è rimasta immobile, con il bicchiere di vino in mano e lo sguardo fisso sul piatto. «Il curry... ce l'hai messo?», ho letto lo sconforto nei suoi occhi, misto a un pizzico di odio nei miei confronti. «Mangia!», mi ha risposto.

Da quel giorno il "Pollo al curry senza curry" è diventato uno dei piatti iconici di Eleonora.

POLLO AL CURRY CON VERDURINE PRIMAVERILI

INGREDIENTI

PER IL POLLO AL CURRY
- 400 g di petto di pollo
- 200 g di asparagi
- 150 g di ravanelli
- 150 g di piselli novelli
- 100 g di foglie di spinaci
- 500 ml di latte di cocco
- 1 bicchiere di brodo di pollo
- 5 cucchiai di pasta di curry
- 1 cucchiaio di curry in polvere
- 1 mela rossa
- 1 pezzo di zenzero
- ½ cipolla bianca
- olio extravergine di oliva
- sale e pepe

PER IL RISO PILAF
- 340 g di riso a chicco lungo
- ½ l di brodo di pollo
- 1 scalogno
- 2 noci di burro
- 2-3 stigmi di zafferano
- 2 chiodi di garofano
- 1 stecca di cannella
- sale

PROCEDIMENTO

Per il pollo al curry: preparate la base del soffritto con zenzero grattugiato, mela tagliata a cubetti e cipolla. Nel frattempo tagliate il pollo a striscioline e insaporitelo mettendolo a marinare in una ciotola con la pasta di curry, la polvere di curry, sale, pepe e un giro di olio.

Quando il soffritto ha raggiunto una bella doratura, toglietelo dal fuoco, trasferitelo in una ciotola e fate saltare nella stessa padella le verdure tagliate a julienne (oppure a cubetti) a fuoco vivo, molto velocemente. Trasferitele quindi in un piatto e, sempre nella stessa padella, fate saltare anche le striscioline di pollo.

Riunite il soffritto alla carne, aggiungete il latte di cocco e il brodo di pollo, lasciate cuocere per qualche minuto, poi mettete anche le verdure.

Per il riso pilaf: fate stufare il riso in una padella insieme al burro e allo scalogno tagliato a pezzetti. Aggiungete le spezie e un pizzico di sale, mescolate bene e trasferite in una teglia da forno. Livellate il riso e versate il brodo di pollo fino a coprirne la superficie. Infine ricoprite la teglia con carta stagnola e infornate a 190 °C per 35 minuti. Servite insieme al pollo al curry.

MELANZANE

DA NORD A SUD

22

La prima volta che mia nonna Gisella ha incontrato (o, per meglio dire, avvistato) Eleonora, non le ha parlato e non si è nemmeno avvicinata. Mi ha chiamato da lontano e, nascosta dietro l'oleandro, mi ha interrogato sottovoce su quella che sarebbe diventata la mamma dei suoi bisnipoti. La prima volta che io ho incontrato i nonni di Eleonora, invece, le cose sono andate in modo molto diverso.

Nel parco nazionale del Cilento c'è una fattoria sul mare con orti sconfinati che affacciano sulla spiaggia. L'azienda agricola di nonna Rosa e nonno Mario è anche un'officina specializzata in macchine agricole e un banco coperto in cui vengono vendute la frutta e la verdura direttamente nel giardino di casa. Ma non è in questo luogo incredibile che mi accolgono. Come per ogni loro ospite, il primo appuntamento è nella grande pasticceria del paese, dove nonno Mario non permette a nessun altro di pagare il conto.

Io ed Eleonora arriviamo alle otto e mezza del mattino, dopo essere atterrati a Napoli e aver attraversato la Costiera Amalfitana. Rosa e Mario hanno lavorato nei campi per ore e si sono fermati per darci il benvenuto. Quando scendo dalla macchina mi trovo già una forchetta in mano. La prima di molte.

Facciamo colazione e ci spostiamo a casa loro, dove nonna Rosa mi fa assaggiare varietà su varietà di frutta e verdura, mentre nonno Mario va a prendere le angurie. Ho ancora il sapore del cappuccino in bocca, ma non posso fare a meno di mangiare tutto, perché il loro attaccamento alla terra è qualcosa che conosco bene e che mi fa sentire subito in famiglia.

Nonno Mario torna, non con tre o quattro angurie come pensavo, ma con il cassone del camion pieno. Ne prende una, la getta nell'acqua gelata e prepara una seconda (o terza?) colazione. A pranzo mangiamo il suo piatto forte, le melanzane 'mbuttunate, e poi i pomodori più buoni che esistano, su pane bagnato di acqua salata e condito con cetrioli e mozzarella avvolta nelle foglie di fico. Nel pomeriggio accompagno Eleonora a fare il giro dei parenti. Ogni casa, un'altra forchetta. E un cucchiaino. Cannoli con la crema, limoncello, caffè, succhi di frutta: alla fine delle visite sono terminate anche le mie energie e non ho più spazio per mangiare o bere nient'altro, ma un pensiero fisso non mi abbandona. Voglio cucinare con quei pomodori.

Così, il giorno dopo mi offro di preparare gli spaghetti per tutti. Chiedo a nonna Rosa una noce di burro per bilanciare l'acidità, ma lei spalanca gli occhi. Questi pomodori non hanno bisogno di burro, nascono già salati e perfettamente bilanciati. Mi scuso per l'ingenuità e cerco di recuperare: «Ah, mettete un po' di zucchero, allora?». Eleonora dall'altra parte della cucina mi guarda e scuote la testa. Ho peggiorato la situazione. «Sono già dolci», dice nonna Rosa. Io abbasso gli occhi e sorrido per l'affettuoso rimprovero, perché è proprio così che fanno le nonne con i nipoti. Da sempre, in ogni luogo.

MELANZANE 'MBUTTUNATE

INGREDIENTI

- 400 g di caciotta vaccina semistagionata
- 400 g di passata di pomodoro
- 4 melanzane piccole
- 4 uova piccole
- 1 mazzetto di basilico
- olio per fritture
- olio extravergine di oliva
- sale e pepe

PROCEDIMENTO

Tagliate le melanzane a fette spesse circa 3 cm e preparate la salsa di pomodoro facendo cuocere la passata con un filo di olio extravergine e le foglie di basilico in una casseruola per 20 minuti, regolando di sale e pepe.

Dopo aver grattugiato finemente il formaggio, unite le uova una alla volta, mescolando bene fino a ottenere un impasto morbido (per regolare la consistenza potete eventualmente mettere un uovo in più o uno in meno).

Incidete ogni fetta di melanzana nel senso della lunghezza, senza arrivare fino in fondo, poi apritela come fosse un libro. Riempite con un po' di impasto di uovo e formaggio, quindi friggete fino a doratura in olio per fritture ben caldo.

Scolate le melanzane e fatele asciugare su carta assorbente. Versate la salsa di pomodoro in una padella, fate scaldare e aggiungete le melanzane fritte. Cuocete per qualche minuto, quindi servite il piatto ancora caldo.

MASCARPONE

DUE CUORI E UN TIRAMISÙ

23

Diversi anni fa, di ritorno dalla registrazione di uno dei programmi televisivi a cui partecipo abitualmente, per caso (o forse per destino) mi sono fermato in un caseificio di Valsamoggia, in provincia di Bologna. Da allora, se mi capita di passare per il capoluogo emiliano, la deviazione è d'obbligo.

Quel pomeriggio non faceva eccezione. Ero alla guida da più di due ore e il sole iniziava a tramontare, ma avevo già deciso di imboccare l'uscita autostradale che mi avrebbe portato al caseificio, quando ho ricevuto la telefonata di Eleonora: «Ti fermi a prendere il mascarpone?». Appartengo a una stirpe di chef, ma il tiramisù di Eleonora non teme confronti.

Non è uno di quei dolci di cui ci tramandiamo la ricetta da generazioni, ma è uno dei nostri preferiti e mio padre ne va letteralmente pazzo. È un dessert che sfida il nostro senso di sazietà: anche dopo dieci portate, troviamo sempre il modo di assaggiarne almeno un cucchiaio.

Quando arrivo a casa ormai è quasi mezzanotte, ma le luci in cucina sono ancora accese. Così, capisco. Apro piano la porta per non fare rumore e non svegliare i bambini: il profumo del caffè avvolge tutta la stanza. Respirando a fondo si può sentire la nota dolciastra del rum che Eleonora aggiunge per dare equilibrio. È solo un cucchiaio, ma a volte sono i piccoli dettagli a fare la differenza. In cucina e nella vita.

Ci salutiamo con un bacio, mentre lei continua a preparare le teglie: «Devi fare la crema, così domattina abbiamo la colazione pronta».

È tardi, ma non ha alcuna importanza: è uno di quei momenti che ricorderemo per sempre. Io e lei, a mezzanotte, in cucina, a fare un tiramisù. Non è per questi istanti, dopotutto, che si vive?

«Il gallo Arturo mi ha beccato», mi dice mentre iniziamo a rompere le uova, mostrandomi un piccolo graffio sul pollice. «Eh, lo sappiamo, Arturo fa sempre così: è una canaglia», le rispondo.

Io monto gli albumi, lei i tuorli. Aggiungiamo lo zucchero e il mascarpone. È come una danza dai passi precisi, perché nel suo tiramisù Eleonora non ammette imperfezioni. Prepariamo due teglie e una piccola ciotola solo per noi. Per me e per lei, appoggiati al tavolo della cucina. Una goccia di limoncello, una spolverata di cacao. Due cucchiai.

Quanto amo il tiramisù.

TIRAMISÙ

INGREDIENTI

- 500 g di mascarpone
- 300 g di savoiardi
- 300 ml di caffè
- 120 g di zucchero a velo
- 4 uova
- cacao q.b.
- cannella (a piacere)
- rum (a piacere)
- zucchero (a piacere)

PROCEDIMENTO

Preparate la crema, avendo cura di utilizzare le uova a temperatura ambiente: montate i quattro tuorli con metà dello zucchero a velo, poi aggiungete il mascarpone. A parte montate gli albumi a neve e, quando iniziano a spumeggiare, aggiungete l'altra metà dello zucchero a velo per ottenere una montata morbida e cremosa. Incorporate i due composti delicatamente.

Preparate il caffè amaro oppure zuccherato, se preferite, e lasciatelo raffreddare. Versatelo in un contenitore e, se vi piace il gusto, aggiungete un goccio di rum.

Prendete la pirofila oppure le coppette in cui comporre il tiramisù e iniziate con uno strato di crema, poi intingete i savoiardi uno alla volta nel caffè freddo (per circa 2 secondi, in modo che siano bagnati, ma non inzuppati) e posizionateli uno accanto all'altro formando uno strato di biscotti. Procedete con un altro strato di crema e spolverate con il cacao. Se vi piace, potete aggiungere un pizzico di cannella.

Ripetete l'operazione, ricordando di non aggiungere subito il cacao sulla superficie dell'ultimo strato per evitare che in frigorifero prenda umidità.

Coprite con una pellicola e lasciate il tiramisù in frigorifero per almeno 2 ore. Prima di servirlo completate con una spolverata di cacao.

FOCACCIA

CON LE MANI IN PASTA

24

Allo sguardo attento degli spettatori sono piuttosto abituato, ma quando cucino insieme a mia figlia Alisea ho un pubblico particolarmente esigente, perché composto esclusivamente da principesse. Principesse Disney, per la precisione. Biancaneve, la sirenetta Ariel e tutte le altre piccole protagoniste dei cartoni animati ci osservano, l'una accanto all'altra, in fila davanti al grande tagliere. Quello che prepariamo per loro, di solito, è una fragrante focaccia.

La prima volta che Alisea mi ha chiesto di cucinare insieme aveva da poco compiuto tre anni. Era l'inverno del 2023 e vederla avvicinarsi con lo sguardo curioso e la voglia di mettere le mani in pasta è stato come uno splendido regalo inaspettato. Sì, perché non sono mai stato costretto a seguire questa strada, a scegliere fra tutti questo mestiere, e l'ho sempre considerata una grande fortuna. Così, ancora prima della loro nascita, ho deciso che non avrei mai spinto, né trascinato, i miei figli in cucina. Avrei, semplicemente, lasciato la porta aperta. È tuttora un pensiero fisso, un'idea che voglio tenere bene a mente: questo campo è uno dei mille percorsi possibili, ma nel loro viaggio saranno sempre liberi di scegliere l'itinerario e la destinazione.

Per tutti questi motivi, quando quel giorno Alisea mi ha visto preparare la focaccia e mi ha domandato se poteva farlo insieme a me, ho capito che avrei potuto trasmettere la mia passione senza che la cucina smettesse di essere il gioco meraviglioso che è, specialmente agli occhi dei bambini.

Mentre le spiegavo passo dopo passo come procedere, la farina è finita per terra e l'acqua un po' dappertutto, ma lei ha continuato a mischiare gli ingredienti cercando di non sbagliare. Ha preso tutto con estrema serietà, fino a quando – tra la seconda e la terza lievitazione – è arrivato il momento di schiacciare l'impasto morbido con le dita. Allora si è fermata e lentamente ha appoggiato i polpastrelli, senza andare a fondo. La consistenza scivolosa era, per lei, uno scoglio apparentemente insormontabile e la sua tenera titubanza è diventata uno dei miei ricordi indelebili.

Oggi Alisea ha una manualità eccellente e una grande determinazione, ma soprattutto ha la voglia di sperimentare con curiosità e di condividere questo momento con me, che non posso fare a meno di sorridere e di rivedermi alla sua età, a spiare dal buco della serratura mio padre al lavoro.

Chissà cosa deciderà di fare, Alisea, domani. Qualunque cosa sia, sono certo che la vivrà con tutta la passione del mondo.

FOCACCIA

INGREDIENTI
PER 6-8 PERSONE

PER LA FOCACCIA
- 500 g di farina tipo 0
- 320 ml di acqua a temperatura ambiente
- 50 ml di olio extravergine di oliva
- 10 g di malto liquido (in alternativa 8 g di miele)
- 2 g di sale
- 6 g di lievito di birra fresco

PER LA SALAMOIA
- 100 ml di acqua
- 10 g di sale
- 50 ml di olio extravergine di oliva

PROCEDIMENTO

Mescolate la farina con metà dell'acqua. Quando l'impasto inizia ad agglomerarsi, aggiungete la restante acqua e lavorate per almeno 10 minuti (se volete, e se ne possedete una, potete utilizzare la planetaria). Una volta che l'impasto risulta liscio aggiungete anche il lievito in modo diretto (senza scioglierlo in acqua), sbriciolandolo con l'olio, 2 g di sale e il malto.

Lavorate ancora per qualche minuto per ottenere una consistenza liscia e omogenea. Coprite con la pellicola e con un canovaccio e lasciate lievitare per 2 ore. Passato questo tempo stendete l'impasto con la punta delle dita, in una teglia unta con abbondante olio di oliva, fino a coprirla interamente.

Lasciate lievitare l'impasto ancora per un'ora e 45 minuti, fino a quando sarà raddoppiato di volume, quindi controllatelo e nel caso si sia ritirato stendetelo nuovamente su tutta la teglia. Create i classici buchi con le dita e irrorate la superficie con una salamoia composta dall'acqua, il sale e l'olio extravergine di oliva. Cuocete in forno statico a 230 °C per 15-20 minuti.

POLPETTE

LA DOMENICA DELLE POLPETTE

25

Credo che ognuno di noi abbia un momento della settimana preferito, un istante da aspettare con particolare impazienza. Per me quel momento è la domenica sera, perché posso passarlo con la mia famiglia, senza distrazioni e senza pensieri. Per celebrare al meglio le nostre serate io ed Eleonora abbiamo iniziato a dare loro un tema e, naturalmente, capita spesso che il tema sia legato al mondo della cucina. Le serate dedicate ai toast piacciono particolarmente ai bambini, ma anche le serate burger, quelle messicane e le serate sushi vengono sempre accolte con grande entusiasmo. Da qualche tempo ne abbiamo un'altra che amiamo molto e questo è il racconto di come tutto è iniziato, in un giorno di pioggia di due anni fa.

Complice un libro per bambini che avevamo letto insieme e che raccontava la storia di un papà e di suo figlio che dopo aver fatto la spesa cucinavano polpette, proprio come era stato per Alisea e la focaccia, Elan ha scelto la sua prima ricetta e ha deciso di mettere anche le sue piccole mani in pasta.

Il libro gli era piaciuto particolarmente e io ero ben felice di "metterlo in scena" con lui. Così, proprio come voleva la storia, siamo andati a fare la spesa, abbiamo comprato la carne, il latte, il formaggio, siamo rientrati e ci siamo messi al lavoro in cucina. La pioggia che batteva fuori dalla finestra sembrava volerci aiutare a dare ritmo alla preparazione dandoci un'ulteriore scusa per passare il pomeriggio in casa. In realtà noi non avevamo bisogno di nessuna scusa, ci stavamo divertendo un mondo.

Ci ho messo un po' a capire che il libro non era la sola cosa ad aver ispirato Elan. Palle, palloni e palline avevano fatto il loro trionfale ingresso nella sua cameretta, nella sua vita e nella sua fantasia. Questo piatto, perciò, rappresentava una possibilità appetitosa e invitante, in tutti i sensi.

«Più piccole, bello di papà!», gli dicevo, mentre lui impastava polpette più grandi delle sue mani. Enormi sfere per le quali aveva in mente un preciso scopo: «Io dopo *cancio*!», ripeteva soddisfatto lui, mentre io cercavo di spiegargli che no, non le avrebbe potute calciare in giro per la casa.

Eleonora rideva a crepapelle vedendolo produrre più polpette, e più in fretta, di un polpettificio. Io già ci immaginavo tutti seduti con la pentola in mezzo alla tavola e nei piatti una fetta di pane su cui posare la "pallina" gratinata al sugo, che sarebbe stata della dimensione perfetta. Non troppo piccola, perché doveva essere sicura per i bambini, ma non troppo grande, perché la cosa più bella sarebbe stata riuscire a mangiarla in un solo boccone. Assaggiandola, ne ero certo, a Elan sarebbe passata la voglia di "canciarla". Per fortuna, avevo ragione.

POLPETTINE GRATINATE

INGREDIENTI

- 1 kg di carne tritata mista
- 600 g di passata di pomodoro
- 500 ml di latte
- 200 g di Pecorino grattugiato
- ½ pagnotta rafferma
- 1 mazzetto di origano secco
- olio per fritture
- spezie (a piacere)
- sale e pepe

PROCEDIMENTO

Ammollate il pane raffermo con il latte. Quando sarà ben bagnato, strizzatelo con cura per eliminare tutto il liquido in eccesso e unitelo alla carne tritata. Amalgamate bene il composto aggiungendo sale, pepe e spezie a piacere.

Formate delle polpettine di circa 2 cm di diametro e fatele riposare per un'ora in frigorifero. Trascorso questo tempo friggetele in olio non troppo profondo (non devono "affondare") e scolatele su carta assorbente.

In una padella scaldate la passata di pomodoro con l'origano, regolando di sale e pepe. Aggiungete le polpette e cuocete per 2 minuti. Versate il tutto in una teglia da forno, spolverate generosamente con il Pecorino grattugiato e fate gratinare nel forno a 210 °C per 5 minuti. Servite le polpette ben calde.

FRAGOLE GRATINATE

INGREDIENTI

- 500 ml di latte
- 150 g di zucchero
- 100 g di fragole
- 45 g di amido di mais
- 3 tuorli
- 1 bacca di vaniglia
- gelato al fior di latte (o alla crema)
- zucchero di canna q.b.

PROCEDIMENTO

Aprite la bacca di vaniglia a metà per il senso della lunghezza e grattate i semi, poi unite il tutto al latte e scaldate sul fuoco. A parte mescolate i tuorli con lo zucchero e aggiungete l'amido di mais. Quando il latte sarà caldo filtratelo con un colino fine e versatelo sui tuorli, mescolando energicamente per non farli stracciare. Rimettete sul fuoco fino a quando il composto non si addensa, coprite con la pellicola alimentare (a contatto con la crema) e lasciate raffreddare, dopodiché omogenizzate velocemente con una planetaria (oppure con le fruste elettriche) per ottenere una crema molto liscia.

Lavate e tagliate le fragole a pezzetti piccoli, disponeteli sul fondo di ciotoline adatte alla cottura in forno, quindi coprite a filo la frutta con la crema pasticciera. Infornate a 210 °C per 3-4 minuti.

Togliete dal forno, cospargete immediatamente la superficie con lo zucchero di canna e fiammeggiatelo, con l'aiuto di una torcia da cucina, finché sarà caramellato (procedete una ciotola alla volta, altrimenti lo zucchero si scioglierà). Servite le fragole gratinate ben calde, con una pallina di gelato al fior di latte o alla crema come accompagnamento.

CLUB SANDWICH

INGREDIENTI

- 500 g di petto di pollo
- 200 g di maionese
- 24 fette di bacon
- 12 fette di pane per toast
- ½ ceppo di lattuga
- pomodori San Marzano q.b.
- olio extravergine di oliva

PROCEDIMENTO

Tagliate il petto di pollo a fette sottili e cuocetelo con olio in una padella ben calda, quindi mettetelo da parte. Nella stessa padella fate rosolare le fette di bacon, poi fatele asciugare su carta assorbente.

Tagliate i pomodori a fettine sottili e metteteli a scolare in modo che perdano molta della loro acqua e non bagnino troppo il panino.

Tostate le fette di pane in forno a 180 °C.

Spalmate uno strato di maionese su una prima fetta di pane, poi adagiatevi la lattuga (lavata e asciugata con cura), il petto di pollo, il bacon e il pomodoro, quindi una seconda fetta di pane. Ripetete gli strati nello stesso ordine (maionese, lattuga, pollo, bacon, pomodoro) e chiudete con una terza fetta di pane tostato.

Tagliate il panino lungo la diagonale e servite.

VINO

IL CUGINO D'AMERICA

29

Il più grande appassionato di vini che io conosca fa un lavoro che con il vino c'entra poco o niente. Io e Kenny ci siamo conosciuti sul Lago Maggiore: lui, fotografo coreano trapiantato in America e innamorato dell'Italia, era in cerca di due modelli per un servizio fotografico e un'amica in comune gli aveva segnalato il nome di Eleonora e il mio. Il nostro è stato un incontro casuale e fortunato, di quelli da cui nascono le amicizie destinate a durare per tutta la vita.

Io e Kenny possiamo passare mesi senza sentirci, ma sappiamo – senza bisogno di darci appuntamento – che ogni anno troveremo il modo di trascorrere un po' di tempo insieme. Più spesso qui da noi, perché lui è sempre, perennemente in viaggio: ha accumulato talmente tante miglia con l'American Airlines da avere accesso alle *lounge* più spettacolari ed esclusive del mondo.

Kenny non è un ospite, è un membro della famiglia e le sue non sono visite: ogni arrivo sembra piuttosto un ritorno a casa. Non facciamo programmi, insieme. Viviamo la vita come capita, con i suoi impegni e i suoi momenti di relax. Una tappa – una soltanto – è obbligata: la cantina. «Can we try this?», chiede indicando le bottiglie e, se non si tratta di esemplari più unici che rari, la mia risposta è sempre: «Of course!». Lui ricambia arrivando da Chicago carico di regali per i bambini e di vini della Napa Valley.

È un giorno di primavera quando, seduto a tavola, mi parla per la prima volta di un amico altrettanto appassionato ed esperto di vini. Mi chiede di poter prendere qualche bottiglia per fare una fotografia da mandargli e io gli rispondo che non c'è nemmeno bisogno di chiedere. Scendiamo i gradini in sasso e Kenny entra in cantina con lo stesso sguardo di un bambino che fa il suo ingresso in un negozio di caramelle dopo aver ricevuto il via libera dai genitori. Sceglie cinque bottiglie e sono, naturalmente, tra le più pregiate, rare e preziose. Le carica tra le braccia e si lancia sulle scale, mentre io mi sorprendo a pensare con terrore: «Oddio, se scivola...». E scivola.

Lui non si fa niente, giusto un lievissimo gonfiore alla caviglia, ma in una frazione di secondo le bottiglie vanno completamente in frantumi. Guardo sconsolato i muri macchiati di vino rosso e la faccia di Kenny, impietrita. Non è che ci sia più molto da fare. Vado a prendere il colino a maglia più fine che trovo e filtro quel poco di vino che è rimasto in un fondo di vetro meno frantumato degli altri. Lo verso in un bicchiere e lo passo a Kenny, che, completamente sotto shock, ancora non riesce a muovere nemmeno un muscolo, e gli dico: «Dai, su, almeno assaggialo!».

RAVIOLI DI MAIALE, SPUMA DI PATATE ARROSTO E RIDUZIONE AL VINO ROSSO

INGREDIENTI PER 6 PERSONE

PER I RAVIOLI
- 500 ml di brodo
- 300 ml di vino rosso
- 300 g di spalla di maiale
- 300 g di fondo di carne di maiale (o fondo bruno)
- 130 g di farina tipo 00
- 130 g di semola rimacinata
- 75 g di uova
- 75 g di tuorli
- 70 g di Grana Padano grattugiato
- 2 carote
- 1 costa di sedano
- 1 cipolla
- olio extravergine di oliva
- sale e pepe

PER LA SPUMA DI PATATE
- 300 g di patate
- 75 ml di panna
- 1 mazzetto aromatico misto (rosmarino, timo, salvia)
- olio per fritture
- olio extravergine di oliva
- sale e pepe

PER LA RIDUZIONE DI VINO ROSSO
- 750 ml di vino rosso
- 30 g di scalogno
- 10 g di glucosio (oppure di miele millefiori)
- 2 foglie di salvia

PER COMPLETARE
- Grana Padano grattugiato q.b.
- sale

PROCEDIMENTO

Per i ravioli: pulite le verdure, tagliatele a cubetti, rosolatele con olio in padella e trasferitele in una teglia. Nella stessa padella rosolate la spalla di maiale salata e pepata, sfumate con il vino rosso e unite alle verdure. Aggiungete il brodo, coprite e infornate a 140 °C per 5 ore.

Realizzate una fontana con le farine su una spianatoia, aggiungete le uova, i tuorli, un pizzico di sale e impastate per ottenere una palla liscia e omogenea. Coprite e fate riposare per 3 ore in frigorifero.

Sfornate la spalla di maiale, filtrate il fondo di cottura e tenete da parte. Macinate la spalla cotta con un tritacarne a fori fini, aggiungete il formaggio e il fondo di cottura e impastate bene.

Tirate la sfoglia molto sottile e ritagliatene dei quadrati di 7 cm di lato. Mettete una pallina di farcia al centro di ogni quadrato e chiudete i ravioli a triangolo, poi ripiegate due punte all'indietro per chiudere il raviolo.

Per la spuma: lavate le patate con acqua corrente, eliminando ogni traccia di terra, pelatele e tagliatele a cubetti di 2 cm. Tenete la buccia da parte, asciugatela e friggetela velocemente realizzando delle chips. Condite le patate con olio, sale, pepe e aromi e infornate a 180 °C per circa 45 minuti. Togliete dal forno e frullate fino a ottenere una crema liscia e omogenea (aggiungete, all'occorrenza, dell'acqua calda), regolate di sale e aggiungete la panna liquida, poi trasferite nel sifone e iniettate una carica di azoto.

Per la riduzione: tritate finemente lo scalogno e mettetelo in una pentola con il vino, la salvia e il glucosio, poi fate bollire fino a ottenere una salsa densa. Togliete la salvia e fate raffreddare a temperatura ambiente.

Per completare: cuocete i ravioli in acqua bollente salata, poi trasferiteli in una padella dove avrete messo il fondo di carne di maiale (se non disponete del fondo di maiale potete utilizzare il fondo bruno) e fateli saltare per qualche minuto, aggiungendo una spolverata di formaggio. Impiattate i ravioli, aggiungete la spuma di patate arrosto, qualche chips e guarnite con la riduzione di vino rosso.

ZUPPETTA FREDDA AL POMODORO CON ROCHER DI CAPRINO E NOCCIOLE

INGREDIENTI

- 800 g di pomodori maturi
- 200 g di caprino fresco
- 100 g di granella di nocciole
- 50 ml di latte
- 1 mazzetto di basilico
- olio extravergine di oliva
- sale e pepe

PROCEDIMENTO

Tagliate i pomodori a pezzi, metteteli all'interno di un frullatore da cucina e aggiungete olio a filo, sale e pepe, poi frullateli fino a ottenere una crema liscia e omogenea.

Mantecate il caprino con il latte, regolate di sale e di pepe, aggiungete un filo di olio e realizzate delle sfere di circa 2 cm di diametro.

Passate le sfere nella granella di nocciole, quindi versate la zuppetta di pomodoro in un piatto fondo, aggiungete i rocher di caprino e completate con qualche fogliolina di basilico.

FRITTATA

LE PRIME CORTESIE

31

Sono in moto e sento vibrare continuamente il telefono, ma non posso fermarmi. Sembra l'inizio di un incubo di quelli che ci fanno svegliare di soprassalto, e invece è l'inizio di un sogno.

Sto tornando da Milano e, finalmente, raggiungo un semaforo e posso controllare chi è che mi sta chiamando ininterrottamente da più di mezz'ora.

«Dajeeeeeeeeeeee!», urla la voce all'altro capo. È Cecilia, la mia agente, che sta per darmi una delle notizie più importanti della mia carriera. Sarò uno dei tre giudici della trasmissione televisiva *Cortesie per gli ospiti*.

Ascolto, la ringrazio, la saluto, riattacco, mi rimetto il casco e riparto. Dopo due minuti realizzo. Lancio un grido di felicità dentro il casco della moto e i miei pensieri iniziano ad aggrovigliarsi tortuosamente nel tentativo di dare un senso a tutto e di rispondere alle mie molte domande, ma la realtà è che non ho ancora la benché minima idea di cosa ciò possa significare. Non sono nuovo al mondo della televisione, ma questa è un'avventura diversa che porta con sé una montagna di novità. Non dovrò cucinare, per dirne una.

I miei compagni di viaggio saranno Csaba dalla Zorza e Diego Thomas, la prima porta che si aprirà per farci "giudicare" l'ospitalità italiana è quella di una villetta romana in zona Castelli. Il primo piatto da assaggiare è una frittatina, ma il secondo... lumache.

Diego mi guarda, i suoi occhi spalancati mi dicono: «No, dai, ti prego. Io le lumache non le mangio!». Inizio a prenderlo in giro e a cercare di convincerlo, dopotutto non possiamo certo offendere la padrona di casa. Si decide e, con un immane ed encomiabile sforzo di volontà, riesce coraggiosamente a mangiarne non solo una, ma ben tre. La cena può proseguire.

Quando arriva il momento del Confessionale entriamo in una stanza insieme al cameraman. Mi siedo di fronte alla telecamera, Diego resta alle spalle dell'operatore. Inizio a commentare i piatti: la frittata, le lumache. Il mio sguardo si sposta dalla lente dell'obiettivo al viso di Diego che, come fosse quello di un cartone animato, dal basso verso l'alto comincia a cambiare colore. Diventa verde. Si porta una mano alla bocca e scappa fuori dalla stanza. Credo, anzi sono certo, che non mangerà mai più un'altra lumaca per tutta la sua vita.

Sono passati gli anni e sono passate le stagioni (televisive). *Cortesie per gli ospiti* è diventato uno dei programmi più seguiti e amati, ci ha portato a conoscere luoghi e persone che altrimenti non avrei mai avuto la fortuna di incontrare. Ho assaggiato centinaia di piatti, di ogni tipo, ma nessuno sarà mai memorabile come quelle prime, inaspettate, lumache.

OMELETTE ALLE ERBE FINI CON FONDUTA AL PARMIGIANO

INGREDIENTI

PER L'OMELETTE
- 20 g di burro
- 6 uova
- 1 mazzetto di erbe aromatiche (erba cipollina, prezzemolo, dragoncello, rosmarino, salvia)
- sale e pepe

PER LA FONDUTA AL PARMIGIANO
- 150 ml di latte
- 150 ml di panna
- 140 g di Parmigiano Reggiano 30 mesi grattugiato

PROCEDIMENTO

Per l'omelette: sbattete le uova in una ciotola e conditele con sale e pepe. Aggiungete le erbe aromatiche che avrete tritato finemente. Scaldate in una casseruola la noce di burro, poi versate le uova. Fate cuocere e ripiegate l'omelette nella classica forma, avendo cura di mantenere la parte interna morbida e cremosa.

Per la fonduta: scaldate sul fuoco il latte con la panna. Quando il composto comincerà a fumare, spegnete la fiamma e cominciate ad aggiungere il Parmigiano grattugiato, un cucchiaio alla volta, mescolando energicamente con una frusta. Continuate fino a esaurire il formaggio.

Servite l'omelette con la fonduta di Parmigiano.

CUCINA FRANCESE

AL COSPETTO DEL RE

32

C'è un famoso detto popolare che suggerisce di non approcciare mai i propri eroi, ma se capita di trovarsi a pochi metri da una leggenda non è semplice convincere il proprio bambino interiore a lasciar perdere.

Quando qualche anno fa sono stato invitato a Bologna per un importante festival in Piazza Maggiore sapevo che avrei incontrato grandi nomi – con alcuni di loro mi era già capitato di collaborare, con altri si era instaurata persino una bella amicizia –, ma sentivo, sento ancora e probabilmente sentirò per sempre, di essere un allievo davanti ai Maestri. Mi accompagnava Martina che, da studiosa ed esperta di cinema qual è, non conosceva quasi nessuno dei presenti ed era beatamente immune da ogni emozione forte. Per me la questione era ben diversa: sul palco si alternavano chef del calibro di Massimiliano Alajmo, Pino Cuttaia, Cristina Bowerman. Essere vicino a loro, nella stessa manifestazione, era già un premio. Il segnale che stavo riuscendo a trovare l'equilibrio tra la cucina e la televisione, a dimostrare chi sono, cosa c'è dietro l'immagine e dietro lo schermo.

Terminato il mio *show cooking*, sono uscito insieme a Ernst Knam per ascoltare l'intervento di Massimo Bottura e ho percepito l'aria cambiare, la piazza fermarsi. Era arrivato Alain Ducasse.

Ben presto, come era prevedibile, *le Roi* – il re della cucina francese – è stato completamente circondato da conoscenti e ammiratori, mentre io lo scrutavo da lontano. Volevo raccogliere un po' della sua energia, ringraziarlo, stringergli la mano. Così, non appena il circolo di ammiratori si è dissolto, ho raccolto il mio coraggio e mi sono avvicinato a lui. A tutt'oggi non saprei spiegare perché: mi sono rivolto a lui in francese. Conosco la lingua, l'ho studiata e parlata, ma davanti ad Alain Ducasse ho dimenticato tutto. Fortunatamente il fatto di aver scelto la sua lingua deve averlo incuriosito e, mentre io combattevo con l'emozione, con estrema gentilezza ha iniziato a parlare con me.

«Tra poco abbiamo uno *show cooking* insieme», mi ha annunciato, sempre in francese. «In realtà ho appena finito il mio», gli ho risposto, terribilmente dispiaciuto per aver dovuto contraddire il re.

«No, no, dobbiamo fare la pizza», ha ribadito sicuro e cortese.

Leggermente dubbioso ho risposto: «D'accord, merci, à plus tard!», perché non c'era nulla al mondo che mi avrebbe fatto rinunciare all'occasione di cucinare insieme ad Alain Ducasse.

Più tardi, vedendo il suo *show cooking* e lo chef esperto nell'arte della pizza che gli stava accanto, ho capito tutto. Mi aveva scambiato per Franco Pepe.

FONDANT AL GIANDUIA

PROCEDIMENTO

Sciogliete il cioccolato con il burro e mescolate per amalgamare bene.

Separate i tuorli dagli albumi. Unite i tuorli alla miscela di burro e cioccolato, uno alla volta, alternandoli con la fecola e il cacao setacciati. Montate gli albumi: cominciate a farli schiumare, quindi aggiungete poco alla volta lo zucchero, continuando a lavorarli finché avrete un composto cremoso e omogeneo. Ora versate gli albumi montati nel composto con il cioccolato e poi trasferite il tutto negli stampini precedentemente imburrati e infarinati (se volete un dolce senza glutine potete utilizzare la farina di riso), avendo cura di riempirli fino a ¾ della capienza.

Fate riposare in frigorifero per almeno 4 ore. Cuocete i fondant ancora freddi nel forno preriscaldato a 210 °C per 6-8 minuti. Sformate e servite ben caldo.

INGREDIENTI PER 8 PERSONE

- 200 g di cioccolato gianduia
- 100 g di burro
- 90 g di zucchero
- 20 g di fecola di patate
- 20 g di cacao amaro
- 4 uova intere grandi
- farina tipo 00 (o farina di riso) q.b.

ATTREZZATURA

- Stampini rotondi monouso in alluminio

COCKTAIL

MILANO AMSTERDAM
(PRIMA PARTE)

33

Quando ho deciso di dedicarmi completamente al Crotto e di costruire una squadra che potesse trasformarlo nel luogo che da sempre sognavo, ho chiamato – senza un attimo di incertezza – Marco, perché ero sicuro che sarebbe stato il compagno ideale. Era già stato il compagno *di banco* ideale, per tutti gli anni dell'istituto alberghiero, e anche qualcosa di più: il fratello che non ho mai avuto e che ho riconosciuto con un solo sguardo, il primo giorno di scuola. Lui – senza un attimo di incertezza – ha accettato.

Marco è una delle due, tre persone che nella mia vita ci sono sempre e da sempre. Grazie alla sua faccia da insospettabile, all'attitudine sportiva e al suo impegno nel sociale, non tutti conoscono il suo lato più vivace e spericolato, ma io delle nostre avventure scapestrate ho perso il conto. Certo, alcune sono più memorabili di altre, come la notte in cui Marco si è perso in trecento metri di strada.

L'evento era un aperitivo con *show cooking* in via Paolo Sarpi, a Milano. Con noi c'era un barman straordinario che preparava meravigliosi cocktail, il nostro compito era pensare al catering. Tutto perfetto, se non fosse per un faticoso dettaglio: il giorno dopo mi sarei dovuto svegliare all'alba per prendere un aereo diretto ad Amsterdam. Poco male, comunque. C'era tutto il tempo.

Terminato l'evento io e Stefano, il fratello di Marco, abbiamo iniziato a raccogliere l'attrezzatura e a posizionarla sul marciapiede appena fuori dal locale. Marco è andato a prendere il furgone, parcheggiato a poche centinaia di metri da noi. Lo ha messo in moto, è uscito dal parcheggio e, davanti ai nostri occhi, ha svoltato a destra. Per poi sparire nella notte milanese.

Dopo dieci minuti l'ho chiamato: «Oh, ma dove sei finito? Dovevi fare trecento metri». «Eh, scusa, c'era un senso unico e ho dovuto fare il giro: arrivo!»

Dopo altri dieci minuti l'ho richiamato: «Ma dove sei? Guarda che domattina devo svegliarmi alle cinque per andare in aeroporto!», era già passata mezzanotte e la stanchezza iniziava a torturarci. «Lo so, lo so, è che ho imboccato una strada chiusa, ma adesso torno indietro e arrivo!»

Ma, dopo altri dieci minuti, non era ancora arrivato. L'ho chiamato per la terza volta: «Marco!». «Sto arrivando! Ora esco dall'autostrada e ci sono!» «L'autostrada?!» A tutt'oggi nessuno ha ancora capito come abbia fatto Marco a finire in autostrada cercando di uscire dal centro di Milano.

A quel punto io e Stefano, rassegnati, ci siamo seduti sul marciapiede e abbiamo versato nei bicchieri di carta due di quei fantastici cocktail preparati dal barman.

La polizia è arrivata prima di Marco e ha minacciato di multarci se non avessimo sgomberato entro pochi minuti, ma per fortuna il nostro autista stavolta non era lontano e aveva un piano per farmi arrivare in aeroporto in tempo: «Te la faccio fare io, la strada più breve», mi ha assicurato. E io, esausto, gli ho persino creduto.

Continua...

FRANGIPANE ALLE AMARENE E ROSMARINO, GHIACCIA AL LIMONCELLO E COSMARENA

INGREDIENTI PER 6-8 PERSONE

PER LA FROLLA

- 250 g di farina tipo 00
- 125 g di zucchero semolato
- 125 g di burro freddo
- 2 uova
- 1 rametto di rosmarino
- burro q.b.

PER LA CREMA FRANGIPANE

- 220 g di amarene denocciolate
- 125 g di farina di mandorle
- 125 g di zucchero
- 125 g di burro
- 2 uova

PER LA GHIACCIA AL LIMONCELLO

- 200 g di zucchero a velo
- 75 ml di limoncello

PER IL COSMARENA

- 40 ml di vodka
- 30 ml di succo di amarena
- 15 ml di Cointreau
- 15 ml di succo di lime fresco
- ghiaccio q.b.

PROCEDIMENTO

Per la torta. Preparate la frolla: tritate finemente il rosmarino e impastate tutti gli ingredienti per la frolla in una ciotola fino a ottenere una palla liscia e omogenea. Coprite con pellicola alimentare e fate riposare per un'ora in frigorifero. Stendete la pasta frolla e disponetela in una tortiera imburrata e infarinata creando un bordo alto 5 cm.

Preparate la crema: montate leggermente le uova con lo zucchero, quindi unite il burro fuso (dopo averlo fatto raffreddare) e la farina di mandorle.

Disponete le amarene sulla frolla, poi versate la crema frangipane. Cuocete in forno preriscaldato a 180 °C per 40 minuti. Una volta pronta, sformate la torta e lasciatela raffreddare.

Preparate la ghiaccia: realizzate la decorazione mescolando il limoncello con lo zucchero a velo. Versatela sulla torta e lasciate che si solidifichi prima di servire.

Per il Cosmarena: versate tutti gli ingredienti in uno shaker riempito con cubetti di ghiaccio e shakerate bene. Filtrate il contenuto in una coppa Martini e completate con una zeste di limone come guarnizione. Servite il cocktail per accompagnare il dolce.

BIRRA

MILANO AMSTERDAM (SECONDA PARTE)

34

... Continua

«Te la faccio fare io, la strada più breve»: se Marco non l'avesse detto sarebbe andato tutto liscio. Invece quella notte erano in programma i lavori sulla tangenziale nord di Milano. L'autostrada, nel nostro tratto, era un'unica lunghissima coda. Quando siamo arrivati al laboratorio per scaricare il furgone, battibeccando come la vecchia coppia sposata di una commedia americana, erano le quattro del mattino. Non sono arrivato a casa prima delle cinque. Io ed Eleonora avevamo deciso di puntare la sveglia alle cinque e mezza. Cosa potevo fare in mezz'ora? Caricare il telefono, sistemarmi e vestirmi, sedermi sul divano a guardare qualcosa in tv.

«Amore! È tardissimo! Abbiamo perso l'aereo!»

«Non è possibile... mi sono seduto cinque minuti fa.»

«Ma cosa dici? Sono le sette e mezza!».

Mi ero addormentato sul divano, davanti al televisore acceso. E lei? Non aveva messo la sveglia, convinta che lo avrei fatto io una volta arrivato a casa.

Così, lei un po' arrabbiata e io un po' rimbambito, dopo aver studiato i voli e trovato un nuovo aereo, siamo arrivati ad Amsterdam. La mia voglia di riposare nell'appartamento sui canali che avevamo affittato è stata prontamente spenta da Eleonora: «Abbiamo solo tre giorni, dobbiamo massimizzare!». «Ok, ma almeno fammi mangiare un pancake, che qui fanno i migliori al mondo.»

Grazie a un pancake all'altezza delle aspettative e a un cartoccio di strabilianti patatine fritte che abbiamo avuto la fortuna di poter gustare in un giardino segreto e nascosto, scoperto grazie a due abitanti della città, la rabbia di Eleonora è passata, guarita dalla bellezza della città. In cambio, però, le era venuto un gran bel raffreddore. Forse il karma l'aveva punita per avermi dato la responsabilità per l'aereo perso, forse era solo colpa del vento freddo di novembre, in ogni caso era arrivato il momento della visita al birrificio locale e nessuno dei due voleva rinunciare. Ci incuriosiva soprattutto la spillatura nella camera bianca: un ambiente a contaminazione controllata, completamente privo di odori, che ci avrebbe permesso di riconoscere e assaporare tutte le sfumature.

Nella stanza, poco prima della degustazione, insieme ai pochi altri visitatori siamo stati travolti da un fortissimo profumo di mentolo. Mi sono girato verso Eleonora e ho visto che stava spruzzando qualcosa sul fazzoletto. «Cosa fai?», le ho chiesto sottovoce. «Devo liberarmi il naso, non sento niente.» In compenso tutti gli altri sentivano benissimo il mentolo, amplificato dalla purezza dell'aria nella camera bianca.

Allo staff sono serviti dieci minuti per ripristinare la stanza. Io ed Eleonora abbiamo perso il turno. Nell'ascensore che ci riportava all'uscita abbiamo sentito parlare in inglese: «Ma hai sentito cos'è successo?». Eleonora è sprofondata nella sciarpa e io ho sorriso: il viaggio, alla fine, non lo avevo rovinato.

RIBS ALLA SALSA BARBECUE DI BIRRA E MELE CON INSALATA DI CAVOLO

INGREDIENTI

PER LA SALSA BARBECUE
- 500 g di ketchup
- 330 ml di birra scura
- 30 ml di aceto di mele
- 10 g di miele
- 10 g di zucchero
- 5 g di paprika dolce affumicata
- 3 g di aglio in polvere
- 3 g di cipolla in polvere

PER LE RIBS
- 800 g di costine di maiale
- 2 mele Golden
- olio extravergine di oliva
- sale e pepe

PER L'INSALATA DI CAVOLO
- 400 g di cavolo cappuccio
- 150 g di carote
- 150 g di yogurt magro
- 50 g di maionese
- 15 g di senape
- 10 g di erba cipollina tritata
- 10 ml di aceto di mele
- 5 g di zucchero
- 1 cipollotto

PROCEDIMENTO

Per la salsa barbecue: versate tutti gli ingredienti in una pentola, mescolate bene e portate a bollore, mantenendo la fiamma bassa. Cuocete per altri 20 minuti a fiamma bassa, quindi togliete dal fuoco e fate raffreddare.

Per le ribs: eliminate il grasso in eccesso dalle costine, conditele con un filo di olio, sale, pepe e cospargetele con una parte di salsa barbecue. Infornate per 45 minuti a 170 °C, poi togliete dal forno e avvolgete ogni baffa con carta da forno e poi in carta di alluminio, avendo cura di mettere all'interno di ogni cartoccio mezza mela sbucciata e tagliata a pezzetti. Rimettete i cartocci in forno per 3 ore a 140 °C.

Per l'insalata di cavolo: tagliate a julienne le carote e il cavolo cappuccio, poi trasferiteli in una ciotola. A parte mescolate, fino a ottenere una salsa omogenea, gli ingredienti per il condimento: lo yogurt, la senape, lo zucchero, la maionese e l'aceto di mele.

Tritate finemente il cipollotto e aggiungetelo al condimento insieme all'erba cipollina, quindi versatelo sulle verdure e mescolate. Fate riposare in frigorifero prima di servire.

Togliete le costine dal forno, aprite i cartocci e prelevate le mele, quindi frullatele con un po' di salsa barbecue e spennellatela sulle costine. Servite le ribs accompagnandole con la rimanente salsa barbecue e con l'insalata di cavolo.

PASTA RIPIENA

•

AMERICAN DREAM

35

Vent'anni sembrano tanti, ma quando si è da soli su un volo diretto a New York, senza sapere bene l'inglese e con in testa soltanto fotogrammi presi in prestito dai film americani, ci si sente come bimbi sperduti. La mia prima volta negli Stati Uniti è stata magica e terrificante, come accade a molti europei, specialmente a quelli cresciuti in piccoli paesi con meno di diecimila abitanti.

Già da qualche anno collaboravo con un importante produttore di pasta fresca che si stava aprendo al mercato d'oltreoceano e la proposta di accompagnare uno dei manager al Summer Fancy Food – una delle più importanti fiere americane – mi era sembrata la classica "offerta che non si può rifiutare". Sognavo da sempre di visitare il ponte di Brooklyn, l'Empire State Building, Central Park, e per di più non sarei atterrato come turista, ma come professionista ospite di una grande azienda.

Per molte notti, prima della partenza, non ho chiuso occhio. Ero terrorizzato dalla responsabilità e allo stesso tempo pronto per la magia di un viaggio che fino a quel momento avevo solo immaginato. Avevo voglia di mettermi in gioco e paura di non capire le regole. Cosa avrei fatto? Cosa avrei detto?

Dei primi momenti a New York ricordo, oltre al jet lag, il fumo che esce dai tombini e la maestosità di una città che mi guardava dall'alto come fosse un gigante. Ricordo anche di essere arrivato al nostro stand e di aver notato subito che non c'era nessuno stand. Non c'erano gli ingredienti, ma soprattutto non c'erano i banconi su cui avrei dovuto preparare i ravioli ripieni. C'era un lavandino, ma mancavano i tubi. Quindi *all by myself* avrei dovuto parlare con il *plumber*, aiutarlo a costruire la *kitchen* e comprare gli *ingredients*. Tutto ciò, senza farmi prendere dal *panic*. Ricordo di essermi seduto su una delle uniche quattro sedie, con i gomiti sulle ginocchia e la testa fra le mani, immobile, mentre tutto il resto si muoveva velocissimo.

Ricordo di essere entrato da Whole Foods, dove c'era un'intera corsia solo per il latte (e che conteneva più litri del grossista da cui mi rifornivo in Italia) e, dopo quelli che mi erano sembrati cinque minuti, di aver ricevuto una telefonata. «Dove sei finito?» «Sto cercando il limone.» «Ancora?!» Era passata più di un'ora.

Ricordo, un mese dopo, di essere tornato a casa con due nuove certezze. Che New York, come molte città uniche al mondo, non va capita: il modo migliore per viverla è lasciarsi rapire dalla sua corrente e seguirne il flusso. E che quello sarebbe stato soltanto il primo di molti, moltissimi viaggi.

RAVIOLI AL VINO ROSSO, BURRO, SALVIA E ZESTE DI LIMONE

INGREDIENTI

PER LA PASTA

- 260 g di semola rimacinata
- 260 g di farina tipo 00
- 3 uova intere
- 80 g di tuorli
- 70 ml di vino rosso
- sale

PER LA FARCIA

- 200 g di erbette
- 60 g di ricotta
- 20 g di Grana Padano grattugiato
- sale

PER IL CONDIMENTO

- 80 g di burro
- 30 g di Grana Padano grattugiato
- 1 mazzetto di salvia
- 1 limone
- pepe

PROCEDIMENTO

Per preparare la pasta all'uovo formate con le due farine una fontana su una spianatoia, aggiungete un pizzico di sale e sgusciatevi al centro le uova, poi unite i tuorli e il vino rosso. Cominciate ad amalgamare con una forchetta, quindi impastate energicamente fino a ottenere una pasta liscia ed elastica. Avvolgetela nella pellicola alimentare e fate riposare in frigorifero per almeno 2 ore.

Nel frattempo mondate e lavate le erbette. Fatele bollire per pochi minuti in acqua, quindi fatele raffreddare e tritatele con un coltello, poi amalgamatele in una ciotola con la ricotta, il Grana e il sale.

Stendete la sfoglia molto sottile, ricavatene delle strisce, ponete al centro piccole palline di ripieno distanziate, chiudete con un'altra striscia di sfoglia e formate i ravioli, tagliandoli con un coltello o con una rotella tagliapasta.

In una padella sciogliete il burro, unite la salvia con un pizzico di pepe, poi fate soffriggere per un minuto prima di spegnere la fiamma. Con un pelapatate ricavate dal limone la buccia e tagliatela a julienne fine. Aggiungete qualche goccia di succo di limone al burro.

Cuocete i ravioli in acqua bollente salata, quindi trasferiteli nella padella con il burro e mantecateli a caldo per un paio di minuti, unendo anche il Grana grattugiato. Serviteli completando con le zeste di limone.

GUACAMOLE

NON CAMBIARE MAI

36

Quando si entra nella Death Valley, il parco nazionale tra la California e il Nevada, c'è un cartello che sconsiglia di attraversare il deserto americano tra l'una e le quattro del pomeriggio. Io, Eleonora, Mari e Diego guardiamo l'orologio della macchina a noleggio. Sono le due in punto. Decidiamo di procedere ugualmente. Con cautela, perché – come suggerisce il nome della valle – per chilometri e chilometri non si vede anima viva. I telefoni cellulari non hanno campo. Non prende più nemmeno l'autoradio. Ai lati della strada ci sono brandelli di copertoni, pneumatici scoppiati per il troppo caldo. Guido io, perché sono l'unico pratico con il cambio automatico, ma Diego insiste per prendere il comando della Jeep Patriot una volta fuori dalla Death Valley.

Quando usciamo dal parco, indenni, tiriamo quattro respiri di sollievo e ci fermiamo al primo e unico negozio di generi alimentari della zona. Facciamo scorta di taniche d'acqua da bere, pollo fritto, nachos e guacamole. È allora che Diego annuncia, con decisione: «Adesso guido io». Controllo il tragitto sul navigatore: c'è una sola svolta a destra e poi quattrocento chilometri dritti come una pista di decollo. Nessun pericolo. «Va bene», gli dico.

Saliamo in macchina, il cambio automatico passa dalla prima alla seconda, poi alla terza, poi continua a fare il suo lavoro andando su di giri prima di mettere la quarta. Diego, distratto dalla conversazione e pilotato dall'abitudine, spinge sulla frizione, ma non c'è nessuna frizione: il suo piede sinistro pesta con forza il freno e l'auto inchioda.

Come fosse la scena al rallentatore di un film d'azione, vediamo volare il mezzo chilo di guacamole che finisce ovunque. Sul parabrezza, sul cruscotto, sui sedili, dentro le bocchette di aerazione. Tra gli insulti e l'incredulità generale, iniziamo a pulire con quello che abbiamo, ma i tovaglioli di carta e i fazzoletti non bastano. Apriamo le valigie caricate nel bagagliaio e, con magliette e acqua minerale, cerchiamo di ripristinare l'abitabilità del nostro unico mezzo di trasporto.

Quando l'abitacolo è nuovamente agibile, Diego ci convince che il peggio sia passato e che la cosa migliore sia, come quando si cade da cavallo, rimontare immediatamente. In questo caso al posto di guida. Risaliamo in macchina, stringendo ogni pacchetto e abbracciando ogni bottiglia per paura di un'altra brusca frenata.

La seconda inchiodata arriva dopo pochi chilometri e sveglia Eleonora, che si era addormentata sul sedile posteriore. «Adesso basta, dai! Fermiamoci che sta diventando pericoloso», mi lamento con Diego, che però è già pronto con una soluzione. «Passami lo zaino, ci penso io!» Gli allungo lo zainetto da montagna e lui slaccia gli spallacci, ne lega uno al sedile e l'altro se lo stringe attorno alla caviglia per bloccarla. Slacciandosi e riallacciandosi a ogni sosta, Diego guida perfettamente per seicento chilometri. A pensarci, forse, questa invenzione bisognerebbe brevettarla.

GAMBERONI AL LIME E PEPE ROSA, GUACAMOLE E PITA

INGREDIENTI
PER 6 PERSONE

PER I GAMBERONI
- 36 gamberoni
- 4 lime
- 25 g di falso pepe o bacche rosa (pepe rosa in grani)
- 1 mazzetto di menta
- olio extravergine di oliva
- sale di Maldon

PER LA PITA
- 250 g di farina manitoba
- 250 g di farina tipo 00
- 300 ml di acqua
- 10 ml di olio extravergine di oliva
- 10 g di malto
- 10 g di lievito di birra fresco
- 10 g di sale di Maldon

PER IL GUACAMOLE
- 40 g di coriandolo fresco
- 3 avocado maturi
- 2 cipollotti
- 2 lime
- ½ peperoncino tipo jalapeño
- sale e pepe

PER COMPLETARE
- 5 ml di salsa di soia

PROCEDIMENTO

Per i gamberoni: togliete il carapace, la testa e le interiora. Sciacquate in acqua fredda e mettete in un contenitore. Grattugiate la scorza dei lime e spremete il succo (che conserverete per la cottura alla griglia). Pestate i grani di pepe rosa con la menta e la scorza del lime, aggiungete un filo di olio e un pizzico di sale di Maldon. Versate il composto sui gamberi per marinarli bene. Coprite e mettete in frigorifero per almeno 4 ore.

Per la pita: mescolate le farine e formate una fontana sulla spianatoia, aggiungete il sale, il lievito sbriciolato, il malto e, continuando a impastare, l'acqua un po' per volta. Unite poco alla volta l'olio, continuando a impastare per ottenere una palla liscia e omogenea. Fate riposare 10 minuti, poi impastate nuovamente. Trasferite in una ciotola unta, coprite con della pellicola e fate lievitare per almeno 2 ore. Passato questo tempo, sul piano di lavoro realizzate dei panetti uguali: tirate le estremità verso il centro dei panetti, pirlateli e fateli lievitare per un'altra ora in un vassoio unto e coperto da un canovaccio. A questo punto prendete i panetti, allargateli premendo con la punta delle dita e realizzate dei dischi di circa 20 cm di diametro. Scaldate un filo di olio in una padella antiaderente e cuocete un disco alla volta per 2-3 minuti su un lato, poi per 4 minuti sull'altro lato. Trasferite i dischi in un piatto, separati da fogli di carta da cucina.

Per il guacamole: tritate i cipollotti, il peperoncino e il coriandolo. Pelate gli avocado ed eliminate il nocciolo, trasferite la polpa in una ciotola e schiacciate con una forchetta. Aggiungete il succo di lime, il sale, il pepe e mescolate. Unite il trito, sempre schiacciando con la forchetta. Coprite con della pellicola e conservate in frigorifero.

Per completare: infilzate 3 gamberi su ogni stecco. Mescolate il succo di lime alla salsa di soia, spennellate i crostacei e cuoceteli sul barbecue, continuando a bagnarli di tanto in tanto. Servite gli spiedini sulla pita, accompagnati dal guacamole.

SPAGHETTI

UNA CUCINA DALL'ALTRA PARTE DEL MONDO

37

Quando ho saputo di essere stato invitato in Cina per competere all'interno di uno dei programmi culinari più importanti del Paese, la persona con cui volevo condividere l'esperienza era una e una soltanto. Potevo portare tutta la mia squadra, professionisti per cui la cucina non aveva segreti. Ho portato Eleonora.

«Sei matto? Non sono una cuoca, non hai paura che ti faccia fare brutta figura?», è stata la sua prima reazione, ma per me non si trattava solo di ingredienti e ricette.

Avevo venticinque anni e sarei andato dall'altra parte del mondo, a Kunming, dove di occidentali ne vedevano pochi e quei pochi li fotografavano per testimoniare l'originalità di tale avvistamento. In equilibrio tra la smania e l'ansia, era come se nel mio stomaco convivessero i crampi della paura e le farfalle dell'emozione. Non c'era nessuno, a parte Eleonora, con cui avrei voluto vivere un'avventura del genere.

Il resort che ospitava la competizione era uno tra i migliori di tutta la Cina, non avevo mai visto un luogo simile. Novanta ingredienti erano stati posizionati su un grande tavolo al centro di un giardino fiorito. Le regole del gioco erano semplici: io e il mio avversario avremmo dovuto scegliere un ingrediente a testa, poi avremmo avuto tre ore di tempo per cucinare e servire un menu di almeno sei portate a sessanta ospiti del resort. Come in ogni gioco che si rispetti, però, c'era un tranello. Sarebbe stato possibile sottrarre un ingrediente all'avversario e sostituirlo con qualcosa di molto meno desiderabile.

La fase della scelta è stata una partita a tennis dal ritmo serrato. Una finale di Wimbledon. Almeno, lo è stata per me che avevo in mente una strategia chiara e precisa e aspettavo solo il momento per eseguire la mia volée a rete: avrei rubato i suoi noodles e li avrei sostituiti con la mia pasta. Avrei giocato in casa, con un gusto familiare ai miei ospiti, e mi sarei garantito la vittoria.

Lui mi ha dato una strana spezia, io gli ho rifilato i miei spaghetti: ci era cascato. Non aveva previsto la mia mossa, ma Eleonora ha avuto un ripensamento. Si è avvicinata. Non era più sicura che fosse la strategia giusta. «Sei italiano», mi ha detto, «prendi tu la pasta.» Mi hanno sempre insegnato che un bravo chef è quello in grado di valorizzare la propria brigata ed era lei, in quel momento, la mia brigata. Dopo un attimo di esitazione, mi sono ripreso gli spaghetti. E ho perso.

Questa sconfitta è stata motivo di diverbio da allora e lo sarà per sempre. Quel piatto di pasta, in compenso, non lo dimenticheremo mai.

SPAGHETTO FREDDO AL POMODORO

INGREDIENTI

- 500 g di pomodori Piccadilly
- 250 g di pomodori datterini gialli
- 160 g di pomodori ciliegini rossi
- 80 g di pomodori verdi
- ghiaccio q.b.
- 320 g di spaghetti
- 100 g di basilico
- 60 g di zucchero
- 4 spicchi di aglio
- rosmarino
- salvia
- lecitina di soia q.b.
- sale grosso q.b.
- olio extravergine di oliva
- sale e pepe

PROCEDIMENTO

Preparate i pomodori confit: tagliate a metà i datterini e i ciliegini e disponeteli su una teglia con la parte tagliata verso l'alto. Conditeli con aglio in camicia, olio, sale, pepe, zucchero, salvia e rosmarino. Infornate e cuocete a 100 °C per circa 3 ore, poi frullate i datterini gialli fino a ottenere una salsa omogenea e conservate sott'olio i ciliegini rossi.

Scaldate 150 grammi di olio fino a 60 °C, aggiungete il basilico e lasciate in infusione per almeno 12 ore, poi frullate e setacciate l'olio con un colino a maglia fine.

Tagliate i pomodori Piccadilly a pezzi grossi, aggiungete un pizzico di sale grosso e frullate. Trasferite la purea in uno scolapasta e adagiatevi sopra una bacinella piena di acqua, ponendo sotto un'altra bacinella per raccogliere l'acqua di pomodoro. Lasciate scolare per almeno 24 ore, trasferite la purea rimasta in un essiccatore e fatela asciugare, poi frullatela fino a ottenere una polvere finissima.

Aggiungete la lecitina di soia all'acqua di pomodoro (nella proporzione dell'1,5% del totale del liquido), frullate con un frullatore a immersione e lasciate decantare per almeno 2 ore.

Incidete i pomodori verdi realizzando una croce, sbollentateli in acqua per circa un minuto, scolateli e immergeteli subito in acqua e ghiaccio in modo che sia facile sbucciarli. Sminuzzateli e conditeli con olio e sale.

Cuocete gli spaghetti in acqua salata bollente, scolateli e uniteli alla crema di datterini gialli. Lasciate raffreddare a temperatura ambiente aggiungendo un filo di olio.

Con l'acqua di pomodoro create l'aria di pomodoro servendovi di un aeratore (oppure potete utilizzare una bastardella in acciaio lasciata in freezer per un'ora nella quale frusterete la miscela energicamente a mano fino a ottenere una schiuma bianca e densa).

Impiattate aggiungendo alla pasta i ciliegini confit scolati dall'olio, la tartare di pomodoro verde, la polvere di pomodoro, l'aria di acqua di pomodoro e completate con l'olio al basilico.

COPPA DI MAIALE

UNA SERA DA LEONI

38

Lavorare a Formentera d'estate, con una squadra composta da professionisti che sono anche grandi amici: può sembrare l'inizio di una commedia in stile *Una notte da leoni*. E, infatti, lo è.

L'occasione è quella di una consulenza gestionale, il tempo per mettere insieme la brigata non è molto, ma Marco e Fabio sono pronti per accompagnarmi in questo splendido ristorante con accesso diretto alla spiaggia. Il mare è calmo. Io, molto meno: mi sposto continuamente tra l'Italia – dove il Crotto è in piena ristrutturazione e sto registrando le nuove puntate di *Cortesie per gli ospiti* – e la Spagna. La tabella di marcia è serrata e fisicamente impegnativa quanto un allenamento ad alta intensità.

Un sabato, alla fine di agosto, arrivo in cucina direttamente dall'aeroporto. Marco mi prende da parte: «Devo dirti due cose». La prima è che uno dei ragazzi non si è mai presentato. La seconda è che ha appena licenziato il *paellero*. «Fammi capire, siamo a Formentera e non abbiamo il cuoco per la paella?» A quanto pare non arrivava quando doveva e se ne andava quando voleva. «Era come non averlo», mi dice Marco. «Eh, ma ora non lo abbiamo davvero», gli rispondo sfilando dalla tasca il telefono che suona. È la madre di uno dei ragazzi che ho portato qui dall'Italia. Urla che hanno sequestrato suo figlio in aeroporto e che la colpa è mia, perché non gli ho restituito il passaporto. Non capisco: è appena arrivato e il suo passaporto è all'ufficio immigrazione in attesa del visto. Scopro che, dopo due ore di lavoro, ha deciso di tornarsene in Italia senza dire niente. Ricapitolando: non c'è il cuoco per la paella e abbiamo due ragazzi in meno. Mentre cerco di capire come organizzare il personale per il servizio della sera, Marco insegna a un giovanissimo apprendista: «Non usare quei coltelli, prendi i miei che sono più affilati». E, subito dopo: «Attento, Alberto!», ma Alberto non è stato attento e ora ha un taglio profondo sul dito. Fasciamo la ferita con la carta assorbente e carichiamo il ragazzino sul motorino di Marco per portarlo al pronto soccorso.

Io e Fabio ci guardiamo, siamo rimasti soli con due aiutanti che conosciamo da poche settimane. Esco dalla cucina per dare un'occhiata alla sala ormai piena e, quando rientro a controllare la preparazione della coppa di maiale, quello che vedo è uno dei ragazzi che brandisce un coltello minacciando di lanciarlo in direzione del mio amico. «Fallo, se vuoi farlo!», gli urla Fabio esasperato mentre io scoppio in una risata incontrollata e incontrollabile. Il lanciatore di coltelli, preso alla sprovvista, si blocca. Senza smettere di ridere, mi avvicino e gli sfilo l'arma dalla mano.

La serata finisce in tre, alle tre di notte. Dopo aver pulito i pavimenti io, Fabio e l'aiutante superstite non abbiamo più forze nemmeno per parlare. Prendiamo i pouf del bar, li trasciniamo in cucina e dormiamo. Per due ore, perché alle cinque suona la sveglia: è il momento di preparare la colazione.

COPPA DI MAIALE, CAROTINE GLASSATE ALL'AGLIO NERO E KETCHUP ALL'ANICE

INGREDIENTI

PER LA COPPA DI MAIALE
- 1 kg di coppa di maiale disossata
- 750 ml di vino rosso
- 70 ml di passata di pomodoro
- 2 coste di sedano
- 2 carote
- 1 cipolla bionda
- 1 mazzetto aromatico (salvia, rosmarino, alloro)
- bacche di ginepro
- chiodi di garofano
- sale e pepe

PER LE CAROTE
- 300 ml di brodo vegetale
- 8 carotine baby
- 1 testa di aglio nero
- ghiaccio q.b.
- sale e pepe

PER IL KETCHUP ALL'ANICE
- 175 ml di passata di pomodoro
- 50 g di cipolla tritata finemente
- 50 g di zucchero
- 50 ml di olio extravergine di oliva
- 50 ml di aceto di vino rosso
- 3 g di paprika forte
- 2 stelle di anice
- sale

PER COMPLETARE
- 1 noce di burro
- olio extravergine di oliva
- sale e pepe

PROCEDIMENTO

Per la coppa: pulite la coppa dal grasso in eccesso. Fate rosolare le verdure, pulite e tagliate a pezzi, in padella con gli aromi e le spezie. Trasferitele in una teglia e, nella stessa padella, fate rosolare la coppa dopo averla cosparsa con sale e pepe. Unite la coppa alle verdure, poi deglassate il fondo della padella con metà del vino rosso. Versate il vino sulla coppa (sia quello che avete usato per deglassare che il rimanente), aggiungete la passata di pomodoro e coprite con la carta di alluminio. Infornate a 140 °C per 6 ore. Togliete la coppa dalla teglia e sfilacciatela. Filtrate il fondo di cottura e aggiungetelo alla carne. Amalgamate bene, poi formate un cilindro con la carne, avendo cura di compattarla bene. Avvolgete il cilindro, ben stretto ai lati, prima con la pellicola alimentare e poi nella carta di alluminio. Mettete in frigorifero per almeno 12 ore.

Per le carote: pulite gli spicchi di aglio e cuoceteli nel brodo per 5 minuti, poi frullateli per ottenere una crema liscia, che userete per la glassatura. Regolate di sale e pepe. Pulite le carotine raschiando la superficie con un coltellino affilato, sbollentatele per 2 minuti e mettetele a raffreddare immediatamente in acqua e ghiaccio.

Per il ketchup: fate rosolare la cipolla per 5 minuti in una padella con olio molto caldo, quindi aggiungete gli altri ingredienti e continuate la cottura a fuoco basso per almeno 1 ora e mezza. Eliminate le stelle d'anice e frullate con un frullatore a immersione per omogeneizzare la salsa.

Estraete la coppa dal frigorifero e tagliatela a tronchetti. Togliete gli involucri e mettete a scaldare a fuoco basso in padella, ciascuno su un pezzetto di carta da forno unto con olio per conservare la forma. Ripassate le carotine in padella con una noce di burro e regolate di sale e pepe. Impiattate la coppa ben calda con le carotine, glassandole con la crema di aglio nero, e servite con il ketchup all'anice.

FORMAGGIO

SLÀINTE!

39

Si dice che la Scozia non sia un luogo, ma uno stato d'animo, ed è fin troppo facile trovare argomentazioni che confermino questa teoria. In Scozia i colori sono più vivi, dall'erba su cui si cammina agli arcobaleni che attraversano il cielo dopo la pioggia. La musica corre dai locali per le strade e il tempo ha un modo tutto suo di passare. Più lento, forse, sicuramente meno frenetico. È come se il mondo non avesse nulla da chiedere agli uomini e alle donne, alle persone più anziane e ai bambini, e si lasciasse semplicemente vivere. Come se tra la natura e le persone ci fosse un patto silenzioso e tutti avessero deciso di rispettarlo.

Da molto tempo la Scozia era presente nella lista dei viaggi che io ed Eleonora, anno dopo anno, continuiamo ad aggiornare, spuntare e allungare. Nonostante la lunga attesa e le alte aspettative, non ci ha deluso nemmeno per un momento. La magia e il fascino erano ovunque: nei laghi, nei piccoli paesi, nelle città, ma in alcuni luoghi erano particolarmente splendenti.

Al Castello di Dunnottar, per esempio, arrivando con il sole freddo di ottobre che scendeva alle nostre spalle e salendo la collina che passo dopo passo svelava la sagoma della fortezza, era impossibile non sentire il peso della storia, l'eco delle battaglie, la forza inarrestabile del tempo.

Dopo una passeggiata sulla scogliera abbiamo raggiunto un piccolo porticciolo segnato dalle maree e siamo entrati nel pub che accoglieva e raccoglieva pescatori e viaggiatori. Il menu era ridotto, ma l'atmosfera filtrava da ogni fessura del legno che scricchiolava sotto le nostre scarpe. Una pinta di birra e una straordinaria cheesecake salata: io ed Eleonora ci siamo guardati e, senza bisogno di parole, ci siamo detti che lì, in quel momento, per essere felici non avevamo davvero bisogno di nient'altro.

All'alba del mattino dopo, quando ci siamo svegliati, ho aperto la finestra e mi sono seduto sul davanzale della stanza a bere un caffè. In lontananza stava arrivando la piccola barca di un pescatore, pronto a scaricare il pesce. L'oste del pub gli andava incontro con alti stivali nella bassa marea, senza fretta. Le grida dei gabbiani, il motore della barca e le voci degli uomini erano gli unici suoni. A cui si aggiungeva quello del nostro respiro, lento e calmo, come è giusto che sia. Perché in Scozia tutto cambia, anche il modo di respirare. E tutto è poesia, anche il più quotidiano dei risvegli, che si trasforma senza alcuna fatica in uno dei ricordi più preziosi e indimenticabili.

CHEESECAKE SALATA AL FORMAGGIO DI CAPRA, INSALATINA DI ERBE SPONTANEE E RIDUZIONE ALLA BIRRA

INGREDIENTI PER 8 PERSONE

PER LA BASE
- 250 g di taralli
- 120 g di burro

PER LA CREMA
- 200 g di caprino fresco
- 100 g di robiola di capra fresca
- 30 g di prezzemolo
- ½ cipolla rossa
- ½ spicchio di aglio (a piacere)
- olio extravergine di oliva
- sale e pepe

PER LA RIDUZIONE ALLA BIRRA
- 330 ml di birra rossa
- 80 g di miele millefiori

PER L'INSALATINA DI ERBE SPONTANEE
- portulaca
- silene
- amaranto
- fiori di sambuco
- tarassaco
- margheritina
- romice
- succo di ½ limone
- olio extravergine di oliva
- sale

PROCEDIMENTO

Per la base: frullate i taralli in un robot da cucina, sciogliete il burro in un pentolino e mischiate accuratamente i due ingredienti. Stendete la base in una tortiera a cerniera, compattandola bene. Fate riposare in frigorifero per circa 2 ore.

Per la crema: mescolate i due formaggi fino a ottenere una crema liscia e omogenea. Pulite e tritate finemente il prezzemolo e la cipolla rossa (se volete potete aggiungere anche mezzo spicchio di aglio). Unite il trito alla crema di formaggio, mescolate e condite con olio, sale e pepe. Stendete la crema sulla base di taralli e mettete in frigorifero a riposare per altre 2 ore.

Per la riduzione alla birra: fate cuocere a fuoco lento la birra e il miele finché il composto così ottenuto non si sarà ridotto almeno della metà, quindi togliete dal fuoco e fate raffreddare.

Per l'insalatina di erbe spontanee: mondate e lavate bene le erbe, poi unitele in una ciotola. Preparate il condimento mescolando il succo di mezzo limone a mezzo cucchiaino scarso di sale. Una volta che il sale si sarà sciolto, aggiungete l'olio a filo e mescolate velocemente con una frusta per emulsionare la salsa.

Intiepidite leggermente la riduzione alla birra e versatela come fosse una glassa sulla cheesecake. Servite accompagnando con l'insalatina di erbe spontanee condita.

COUS COUS

•

MARḤABA

40

Quando ascoltavo Fabrizio Nonis parlare del Marocco, mi chiedevo perché non lo avessi ancora visitato. Lui se n'era innamorato più di trentacinque anni prima, ma ancora ne parlava con l'entusiasmo di chi ha appena scoperto uno dei luoghi più magici del mondo. Dopo anni di amicizia e di tentativi di convincimento da parte sua, io ed Eleonora abbiamo finalmente deciso di partire.

Sempre grazie a Fabrizio abbiamo conosciuto Vania, che ci ha accolti e accompagnati per Marrakech fino a un piccolo riad, nascosto in un dedalo di cunicoli e snodi che allora mi sembravano impossibili da decifrare e che oggi conosco a memoria. Vania aveva organizzato per noi un tour di cinque giorni che partiva da Marrakech e passava per il Sahara e l'Atlante, Chefchaouen – dove non c'è corrente elettrica e si cena alla luce delle candele – Merzouga, le concerie di Fès...

Il mattino dopo eravamo pronti a partire e ignari del fatto che non avremmo incontrato solo posti meravigliosi, ma anche uno di quegli amici che si trovano in giro per il mondo e che del mondo diventano punti di riferimento da cui tornare appena si presenta l'occasione. Così è stato con la nostra guida, Assan: un'amicizia a prima vista, nata già il primo giorno del tour e stretta ancora di più il secondo, quando – dimostrando di averci capiti alla perfezione – ci ha proposto un giro diverso da quello turistico. «Se vi va», ci ha detto in inglese, «usciamo dalla rotta e andiamo a vedere il vero Marocco.»

Viaggiando insieme, mangiando insieme e ridendo insieme, Assan ci ha portati nelle piantagioni di datteri tra le montagne con palme a perdita d'occhio, a visitare piccoli produttori locali che partivano a piedi per vendere le loro spezie alla Medina, nelle distillerie di acqua di rosa damascena in mezzo al deserto.

Il quarto giorno ci ha accompagnati alla fine di una strada e si è fermato davanti a un cancello. Si è voltato verso di noi con gli occhi che brillavano e ha detto: «Benvenuti a casa mia».

La figlia maggiore di Assan era piegata sui libri, stava studiando per diventare avvocato. Il figlio più piccolo, appassionato di calcio, giocava a pallone. La moglie non sapeva che saremmo arrivati, ma in pochi istanti ha trasformato la sua espressione stupita in un sorriso e ci ha accolti a braccia aperte. L'ho salutata, l'ho ringraziata e mi sono avvicinato alla cucina, dove stava preparando un cous cous di verdure con zucchine, carote, cipolle ed erbe aromatiche. Era la prima volta che vedevo preparare un cous cous tradizionale e avevo così tante cose da chiederle, così tante domande da farle. Ma lei non parlava inglese. Non aveva importanza, avrei trovato ugualmente le risposte che cercavo, perché sapevo bene che la cucina – quando è fatta con amore – è una lingua universale.

TAJINE DI VERDURE CON COUS COUS ALLO ZAFFERANO

INGREDIENTI

PER IL COUS COUS
- 350 ml di brodo vegetale
- 250 g di cous cous
- 40 g di mandorle a scaglie
- 30 ml di olio extravergine di oliva
- 1 rametto di menta
- pistilli di zafferano q.b.

PER LA TAJINE DI VERDURE
- 400 g di pomodorini
- 250 g di ceci cotti
- 100 g di albicocche secche
- 15 g di harissa
- 10 g di miele
- 4 g di coriandolo macinato
- 4 g di cumino in polvere
- 2 zucchine
- 2 cipolle bionde
- 1 spicchio di aglio
- 1 peperone
- 1 melanzana
- olio extravergine di oliva
- sale e pepe

PROCEDIMENTO

Per il cous cous: portate a ebollizione il brodo con lo zafferano, poi aggiungete l'olio e il cous cous. Coprite con il coperchio, togliete dal fuoco e lasciate gonfiare il cous cous per almeno 15 minuti. Quando avrà assorbito tutto il brodo sgranatelo con una forchetta. Tritate finemente la menta e tostate le mandorle a secco in una padella: una volta pronte, rompetele grossolanamente con un coltello e aggiungetele al cous cous insieme alla menta.

Per la tajine: ammollate le albicocche in acqua. Tagliate le cipolle a julienne e fatele rosolare a fiamma viva con l'olio e lo spicchio di aglio. Quando le cipolle saranno ben dorate, unite le altre verdure (che avrete precedentemente pulito e tagliato a cubetti) e fate rosolare per altri 7-8 minuti. Aggiungete i ceci lessati, le albicocche (tagliate, se risultano troppo grandi), il miele, la harissa, sale, pepe e le altre spezie. Versate anche un paio di bicchieri di acqua, coprite con un coperchio e fate cuocere per 20 minuti a fiamma media, poi togliete il coperchio e alzate la fiamma al massimo per 2-3 minuti. Servite la tajine di verdure con il cous cous allo zafferano e mandorle come accompagnamento.

TÈ

PER UN PUGNO DI LIRE TURCHE

41

Da New York a Edimburgo a Marrakech, il modo che preferisco di visitare una città dalla forte identità e dall'atmosfera unica al mondo è seguirne il ritmo, abbandonarmi al flusso della sua corrente. Per Eleonora, grande amante dei luoghi in cui ogni oggetto racconta una storia, lasciarsi rapire dalla vita del mercato delle spezie di Istanbul è semplice quanto respirare. I profumi riempiono l'aria, i venditori gridano, i compratori urlano, è impossibile non farsi coinvolgere in questa rumorosa, bellissima danza.

Tra le tende colorate assaggiamo tutto quello che ci viene offerto e curiosiamo tra oggetti tradizionali e souvenir, fino a quando Eleonora non si ferma davanti a una bancarella, più piccola delle altre. Ha visto sei tazzine da tè di vetro soffiato verde. Semplicissime ma, nella loro semplicità, perfette.

«Le prendiamo», ha deciso. «Vado a chiedere il prezzo.»

«1000 lire», risponde l'uomo dietro al banco, in inglese. Io infilo la mano in tasca per prendere i soldi, ma Eleonora mi ferma con un gesto della mano.

«Fammi trattare un attimo, possiamo spuntarla a meno», so che non ha senso provare a farla desistere. È cintura nera di contrattazione e questo è il suo campo di gara.

«500», controbatte. Io la prendo da parte e le dico: «Ma come 500? Così si offende, dai!». Il venditore non si offende, ma ovviamente rifiuta. 950 è la sua nuova offerta, ma Eleonora è irremovibile: «500». Io la prendo di nuovo da parte: «Ma se ti ha detto 950, cosa fai? Gli proponi ancora 500?».

«Senti, lasciami fare!», si spazientisce lei e mi manda via, iniziando una lotta serratissima e surreale per le sei tazzine di vetro soffiato. Non potendo prevedere la durata della trattativa, vado a fare un giro.

Torno qualche minuto dopo e li vedo entrambi seduti su due sgabelli ai lati opposti del tavolo su cui sono esposti gli oggetti. Sorseggiano un tè e comunicano a suon di numeri. Non mi avvicino nemmeno, riparto per un nuovo giro del mercato in solitaria, ma quando torno non è ancora finita.

«Io sono salita a 600, lui è sceso a 850», mi aggiorna Eleonora.

«Allora cosa facciamo? Gliele diamo?», le chiedo, pronto a pagare il salatissimo conto: 850 lire turche corrispondono, su per giù, a 17 euro.

«Non pensarci nemmeno! Dopo tutta questa fatica?»

«Ma quale fatica?», commento, accaldato ed esausto. Sono io che vago da solo da più di mezz'ora, mentre lei è comodamente seduta a bere il suo tè in compagnia.

Dopo altri dieci minuti, finalmente, la vedo pagare le sei tazzine: «Abbiamo chiuso a 700», annuncia, come se si trattasse di una vittoria schiacciante e non della più logica e prevedibile delle conclusioni.

Stiamo per andarcene quando Eleonora avvista un piccolo contenitore di vetro: «Che carino! Quanto costa?», chiede al negoziante. Lui la guarda, ancora provato: «Facciamo così: questo glielo regalo».

CHEESE TEA

INGREDIENTI

- 180 ml di panna
- 80 g di formaggio spalmabile
- 15 g di zucchero
- tè verde q.b.
- ghiaccio q.b.
- granella di frutta secca (a piacere)
- farina di cocco disidratato (a piacere)
- sale

PROCEDIMENTO

Montate il formaggio spalmabile e la panna con lo zucchero e un pizzico di sale: la crema deve risultare molto morbida.

Nel frattempo mettete il tè in acqua sobbollente, spegnete immediatamente la fiamma e lasciate in infusione fino a quando l'acqua sarà fredda (in alternativa, se non si vuole scaldare l'acqua, si può fare il tè mettendolo in infusione in acqua a temperatura ambiente per 5 ore).

Mettete qualche cubetto di ghiaccio in una tazza e versate il tè, quindi coprite con la crema di formaggio, senza mescolare.

Se volete potere cospargere sulla superficie un po' di granella di frutta secca o farina di cocco disidratato.

MELE

IN GITA
A DUBAI

42

Le colline di Dubai non sono colline: Dubai Hills è la zona residenziale dove vivono alcuni tra gli individui più facoltosi al mondo. Quando sono stato invitato a cucinare per un evento nella villa di una delle dieci persone più ricche dell'India, ho iniziato a pensare alla spesa con settimane di anticipo. A progettare con me le sei portate per sessanta persone c'erano Davide, direttore del catering, e Marco. Martina avrebbe pensato a tutto il resto.

Noi avremmo portato gli ingredienti introvabili, mentre ogni altro dettaglio sarebbe stato organizzato insieme al responsabile del catering locale, che però a tre giorni dall'evento ha deciso di mollare tutto: «I quit!».

«Seriously?», dopo numerose telefonate e altrettanti attacchi di ansia di Martina, abbiamo trovato un accordo con l'assistente del padrone di casa, che si sarebbe occupata della spesa. Non senza difficoltà: «Devo prendere un chilo e mezzo di zafferano?». «Un chilo e mezzo? No: sono 150 grammi!»

Subito dopo essere atterrati abbiamo raggiunto la cucina di servizio della villa. I conti non tornavano: c'era troppo di alcune cose, troppo poco di altre. C'era anche poco personale, anzi non ce n'era affatto: eravamo solo io, Marco, Davide (che non cucinava professionalmente da anni) e Martina (che sa fare tutto tranne cucinare).

Sommersi dalle attrezzature che si accumulavano ovunque, abbiamo chiesto un aiuto per lavare i piatti. Sono arrivati tre ragazzi del posto che, alla velocità della luce, hanno pulito ogni cosa. *Letteralmente* ogni cosa: piatti, padelle... la custodia della macchina fotografica professionale di Martina. A lei avevo assegnato la preparazione delle tartellette e, con la precisione che la contraddistingue, ha iniziato ad adagiare la pasta frolla negli stampini. Noi ci muovevamo in una costante accelerazione, come se qualcuno avesse premuto il tasto "avanti veloce" sul telecomando. Lei andava al *ralenti*.

Fuori sfilavano macchine con targhe più costose delle nostre auto. Dentro, i fornelli funzionavano quando volevano, due non si accendevano più. Il forno continuava ad aprirsi e, per cuocere la torta di mele, abbiamo dovuto puntellarlo con vecchie teglie. Rassegnati all'inevitabile fallimento, ci siamo guardati e abbiamo iniziato a ridere.

Al termine della serata non potevamo credere che fosse stato un tale successo. Certo, avremmo avuto bisogno di una settimana di ferie, ma quello era solo l'inizio del nostro lavoro a Dubai. Il giorno dopo era in programma un evento a Palazzo Versace, quello successivo avremmo cucinato al centro Senses davanti ai membri della famiglia reale e poi saremmo tornati in Italia, al Crotto, per il servizio del venerdì sera.

Prima di riprendere l'aereo, però, ci siamo regalati un giro al Burj Khalifa e una dormita in spiaggia, perché – come ha giustamente osservato Martina – questa esperienza aveva tutto il sapore di una gita scolastica e, come in ogni gita che si rispetti, bisognava fare un bel po' di foto ricordo.

TORTA DI MELE

PROCEDIMENTO

Per le rose di mele: lavate le mele e sfogliatele con l'apposito attrezzo, poi avvolgete la sfoglia ben stretta formando una rosa. Sul fondo di ogni stampo in silicone mettete un cucchiaio di burro fuso (non bollente) e uno di zucchero, incastrate la mela arrotolata, pareggiatela con un coltello in modo che resti a filo dello stampo e sigillate con un cucchiaio di burro e uno di zucchero. Coprite con carta di alluminio e infornate a 100 °C per 45-50 minuti. Togliete dal forno, fate raffreddare e mettete in freezer fino a completo congelamento.

Per il frangipane: montate il burro con lo zucchero, aggiungete le uova, le farine, il sale e la crema pasticciera. Trasferite tutto in una sac à poche e fate riposare in frigorifero per 4 ore.

Per la torta: montate le uova con lo zucchero, quando il composto risulterà gonfio e spumoso unite le polveri, il sale e la buccia di limone. Sciogliete il burro e fatelo raffreddare a temperatura ambiente. Prelevate una parte di impasto e unitela al burro sciolto, amalgamate bene, riunite le due masse e aggiungete le mele.

Stendete l'impasto in una tortiera alta almeno 3 cm, foderata con carta da forno, avendo cura di non oltrepassare la metà dell'altezza. Cuocete in forno statico a 170 °C per 8 minuti. Togliete la torta dal forno e stendete in modo veloce e uniforme, con l'aiuto della sac à poche, il frangipane sopra la torta di mele, poi infornate immediatamente a 170 °C per altri 10 minuti, dopodiché sfornate e lasciate raffreddare in teglia.

Con un coppapasta dello stesso diametro degli stampi, ricavate dei cerchi nella torta (con i ritagli, se volete, è possibile realizzare un gelato alla torta di mele: basterà frullarli insieme alla base di un gelato al fior di latte).

Prelevate le rose di mele dal freezer e fatela scongelare.

Per la crema inglese: mescolate tutti gli ingredienti e scaldateli sul fuoco a 82 °C continuando a mescolare.

Impiattate ponendo alla base la crema inglese, poi un disco di torta di mele con il frangipane e completate con una rosa di mela cotta.

INGREDIENTI PER 8-10 PERSONE

PER LE ROSE DI MELE
- 60 g di burro chiarificato
- 60 g di zucchero
- 8 mele

PER IL FRANGIPANE
- 165 g di crema pasticciera
- 115 g di burro a pomata
- 115 g di zucchero semolato
- 115 g di uova intere
- 85 g di farina di noci
- 85 g di farina di mandorle
- 1 pizzico di sale

PER LA TORTA DI MELE
- 500 g di mele tagliate a cubetti
- 150 g di farina tipo 00
- 150 g di burro
- 150 g di uova intere
- 150 g di zucchero semolato
- 4 g di lievito per dolci
- buccia di ½ limone grattugiata
- 1 pizzico di sale
- gelato al fior di latte (facoltativo)

PER LA CREMA INGLESE ALLA CANNELLA
- 100 ml di latte
- 100 ml di panna
- 40 g di tuorli
- 20 g di zucchero
- 5 g di maizena
- 1 g di cannella

ATTREZZATURA
- stampi in silicone di forma cilindrica (60 × 40 mm)
- apparecchio per sfogliare le mele a striscia continua

PASTA SECCA

ERA ORA DI DIRE "PASTA"

43

A Colverde, in provincia di Como, c'è un laboratorio che produce pasta secca artigianale. Un luogo curato fin nei minimi particolari, gestito da persone che credono fermamente nella salvaguardia della biodiversità e nei sistemi che rispettano la natura. Prima ancora di incontrare Emanuele, perciò, qualcosa mi suggeriva che fra il Crotto e il Pastificio Baradello sarebbe nata una collaborazione preziosa e duratura.

Conoscere la sua storia non ha fatto altro che confermare quella prima sensazione, perché l'amore che Emanuele nutre per il proprio mestiere è del genere che sconvolge la vita. Letteralmente.

La sua passione è nata quando era ancora un bambino che giocava con la vecchia macchina per impastare del padre, ma per lunghissimo tempo è rimasta solo questo: una passione. Qualcosa con cui giocare negli spazi che la vita concede, nelle pause dal lavoro. Un mestiere differente, in un differente settore. Un lavoro stabile e sicuro, in grado di garantire serenità mentale ed economica. Un posto impossibile da lasciare. Ma nel giugno del 2015, a quarantadue anni, Emanuele lo ha lasciato.

Non lo ha fatto di punto in bianco: negli anni precedenti aveva passato le vacanze frequentando corsi di formazione e studiando. Nonostante l'analisi precisa e metodica, la valutazione attenta dei pro e dei contro, la sola domanda con cui la sua famiglia ha accolto la notizia delle dimissioni è stata: «Ma... sei impazzito?».

Aveva chiuso una porta, ma prima di aprire il portone del suo laboratorio c'era molto lavoro da svolgere. Emanuele e Vera, la sua compagna di vita e di squadra, hanno passato più di dodici mesi alla ricerca dello spazio ideale per il loro pastificio, dei migliori fornitori di materie prime, dei macchinari giusti. Hanno iniziato da zero, speso energie e risparmi, condiviso le aspirazioni e le ansie che accompagnano l'inizio di ogni avventura. Hanno passato qualche notte insonne, chiedendosi cosa li aspettasse. Il primo giorno di attività, nel laboratorio non c'erano solo le semole, ma anche tutti i desideri e le speranze, tutte le paure e le preoccupazioni.

Emanuele e Vera hanno creduto nel sogno di riuscire a realizzare la miglior pasta possibile, senza seguire la corrente dei processi industriali, tornando all'origine e celebrando la cultura gastronomica italiana. Hanno scelto il sentiero "meno battuto" e hanno dimostrato a tutti che non è mai troppo tardi per cambiare percorso. E trovare la propria strada.

TULIPANI RIPIENI AL RAGÙ DI PESCE

INGREDIENTI

- 280 g di tulipani (o di altra pasta adatta a essere riempita)
- 500 g di dentice
- 280 g di merluzzo
- 50 g di pane grattugiato
- 50 g di Grana Padano grattugiato
- 100 ml di brandy
- 5 g di peperoncino
- 1 cipolla bionda
- scorza di 1 limone
- 1 mazzetto aromatico misto (timo, maggiorana, prezzemolo)
- gambi di prezzemolo
- sale grosso q.b.
- olio extravergine di oliva
- sale e pepe

PROCEDIMENTO

Pulite il dentice togliendo le pinne, la testa e la coda. Ricavate dal pesce i filetti e tagliateli in piccoli cubetti regolari. Fate lo stesso anche con il merluzzo. Mettete gli scarti in una pentola con un goccio di olio, aggiungete qualche gambo di prezzemolo, un po' di sale grosso e fate tostare bene. Coprite con ghiaccio e acqua, portate a bollore e lasciate cuocere per almeno un'ora.

Mondate e tritate finemente la cipolla, poi fatela rosolare in una padella con qualche gambo di prezzemolo e il peperoncino, quindi unite i cubetti di pesce e cuocete ancora per qualche minuto. Togliete il prezzemolo e sfumate con il brandy, facendo bruciare l'alcol, poi aggiungete il brodo di pesce filtrato e fate cuocere per almeno 20 minuti. Terminata la cottura, unite le erbe aromatiche tritate finemente, la scorza del limone grattugiata e regolate di sale e pepe. Cuocete i tulipani in acqua bollente salata, scolandoli un minuto prima del tempo di cottura indicato. Riempite ogni tulipano con il ragù di pesce bianco.

Infine preparate una panure mescolando il formaggio grattugiato, il pangrattato, un filo di olio e un goccio di acqua, quindi spolverate la superficie dei tulipani con questo composto. Infornateli per 5 minuti in forno preriscaldato a 210 °C e serviteli ancora ben caldi.

FORMAGGIO DI CAPRA

•

CORRERE INSIEME

44

Fabio Bulgheroni ha poco più di quarant'anni e vive da sempre nel piccolo paese di Binago, poco distante dal Lago di Como. È cresciuto con il papà Aldo, la sua compagna Enrica e il desiderio che tutti e tre condividevano: costruire un'azienda agricola.

Il loro sogno si è realizzato nel 2006, ma durante i primi anni nemmeno gli abitanti dei paesi vicini si mettevano in viaggio per raggiungere la neonata azienda agricola Casale Roccolo. A Binago, con appena trentacinque caprette, Fabio non poteva immaginare e non osava sognare che i suoi formaggi, così come lo yogurt e la ricotta, sarebbero stati gustati e amati da persone provenienti da tutto il mondo.

Nei suoi piani, allora, non c'era la vittoria di importanti premi internazionali. A pensarci oggi, con le medaglie appese al muro, sembrano trascorsi secoli. Eppure, allo stesso tempo, sembra passata solo una frazione di secondo. Perché, appena cinque anni dopo l'inaugurazione della loro azienda agricola, Enrica è venuta a mancare, ma il suo ricordo è nitido e sempre presente. È a lei che Fabio ha dedicato la sua promessa di diventare il migliore ed è a lei che pensa, la sera, quando la giornata lavorativa è giunta al termine e tutti gli altri se ne sono andati. Capita persino che, nei momenti di dubbio, le rivolga qualche domanda: «Ovunque sia, sarà decisamente stanca delle mie continue richieste», mi ha detto un giorno, sorridendo.

Dopo anni di prove, esperimenti, tentativi ed errori, Fabio è diventato "grande". In tutti i sensi. Ha raccolto un riconoscimento dopo l'altro e portato i sapori della sua terra ovunque, ma dentro è rimasto il ragazzino che – proprio come me – passava le sue estati a giocare nei pascoli all'aria aperta. Come me, ha capito che cercare sempre di essere il più bravo non è abbastanza: «Puoi essere il migliore, ma se sei da solo questo non conta nulla. Che sia una famiglia o una squadra, c'è bisogno di qualcuno che corra insieme a te».

Così, insieme al papà Aldo, ha formato la sua "brigata". Ha costruito una nuova stalla e un caseificio più grande. Ha continuato a studiare l'alimentazione delle capre, impegnandosi per il loro benessere. Migliorando le sue ricette, seguendo artigianalmente i processi di stagionatura dei formaggi, unendo la tecnica alla tradizione, sempre guidato dal legame con una terra che fa parte della sua vita, proprio come le persone che ama. E quelle che ha amato.

TROTTOLE AL BRIE DI CAPRA, PEPE E PISELLI CROCCANTI MARINATI

INGREDIENTI

- 320 g di trottole (o fusilli)
- 100 g di Brie di capra
- 80 g di piselli freschi sgranati
- ghiaccio q.b.
- 40 ml di latte
- 5 g di pepe nero in grani
- 1 mazzetto di menta
- ½ limone
- olio extravergine di oliva
- sale

PROCEDIMENTO

Scaldate il latte sul fuoco fino a quando inizia a fumare, poi toglietelo dal fuoco e aggiungete il Brie di capra tagliato a pezzi. Mescolate finché il formaggio non si sarà completamente sciolto, quindi frullate con un frullatore a immersione per amalgamare bene il tutto.

Mettete a bollire i piselli sgranati per circa 2 minuti, quindi fateli raffreddare immediatamente in acqua e ghiaccio. Conditeli con olio, menta tritata finemente, sale, qualche goccia di succo e un po' di scorza di limone. Lasciateli riposare per almeno un'ora a temperatura ambiente.

Cuocete la pasta in abbondante acqua salata e nel frattempo tostate i grani di pepe (che avrete precedentemente pestato bene con l'aiuto di un batticarne) in padella, quindi aggiungete la crema di Brie.

Scolate la pasta 2 minuti prima del tempo indicato, trasferitela nella padella con la crema di formaggio, poi fatela mantecare versando poco alla volta l'acqua di cottura fino a che non è pronta. Servite le trottole guarnendo il piatto con i piselli croccanti marinati.

ASPARAGO DI CANTELLO

•

SCOMMETTERE SUI SOGNI

45

Il giorno in cui Antonella ha sposato Franco, prima di arrivare in chiesa, lui era nel campo a raccogliere gli asparagi. Antonella me l'ha raccontato ridendo: «Non so davvero come abbia fatto a cambiarsi così velocemente!». Questa non è l'unica volta che, nella loro grande storia d'amore, gli asparagi hanno giocato un ruolo fondamentale.

Quando Franco aveva circa vent'anni l'asparago bianco era una celebrità a Cantello, in provincia di Varese, ma la sua produzione era quasi un segreto delle famiglie che lo coltivavano senza clamore, ognuna nel proprio orto di casa. Antonella, che abitava in un paese poco distante, non ne aveva mai sentito parlare prima. Ma Franco aveva un desiderio: valorizzare l'asparago di Cantello e regalargli la fama che meritava. Dopotutto la terra del suo paese era unica ed era *l'unica* in cui i suoi germogli avrebbero potuto raggiungere l'eccellenza.

Così, hanno passato i primi weekend insieme in viaggio tra Padova, Venezia e Treviso: un triangolo fortunato dove, con l'acqua del fiume Sile, si coltivava con successo l'asparago bianco. Hanno osservato e fatto domande, hanno raccolto esperienze e tecniche. Un po' per gioco, quasi per scommessa, hanno puntato tutto sul loro sogno. Era il 1994 e sembrava una follia, ma i sognatori – si sa – non si lasciano fermare da niente e da nessuno.

Certo, la strada non è stata tutta in discesa, ci sono stati momenti in cui lasciar perdere sembrava la soluzione più saggia, perché le insidie dell'agricoltura di montagna hanno la forza del vento e l'intensità della pioggia e non c'è nulla che si possa fare, contro la natura. Ma in quel terreno vicino alle Alpi svizzere, quando al mattino i teli sono coperti dalla rugiada e spostandoli si intravedono le piccole capocchie bianche che spuntano dal terreno, appare chiaro che l'asparago di Cantello non è "solo" un ortaggio. È un regalo della terra, che ripaga di ogni fatica.

Oggi, trent'anni dopo quei primi fine settimana passati a studiare, l'Azienda Agricola Franco Catella può dire di aver dimostrato che con impegno e passione alcuni desideri si possono davvero realizzare. Franco non c'è più, ma è come se non se ne fosse andato. Antonella continua a ricordarlo e a seguire il sogno che per più di trent'anni hanno sognato insieme.

E io, quando preparo un piatto con gli asparagi di Cantello, penso sempre che non ho tra le mani soltanto un prodotto della terra, ma anche una storia. Preziosa, come ogni storia d'amore.

BIANCO CANTELLO

PROCEDIMENTO

Per la namelaka: scaldate il latte, aggiungete la gelatina idratata, versate sul cioccolato e mescolate finché non sarà sciolto. Unite la panna fredda e omogeneizzate con un frullatore a immersione. Lasciate riposare 12 ore in frigorifero.

Per il pan di Spagna: montate uova, zucchero, tè e sale con la planetaria fino a ottenere un composto spumoso. Inglobate la farina setacciata e il burro fuso a filo. Stendete l'impasto a un'altezza di mezzo centimetro su una teglia rivestita da carta da forno e infornate a 175 °C per 10-12 minuti. Sformate il pan di Spagna e tagliate delle strisce larghe circa 18 cm alte quanto lo stampo cilindrico.
Con il pan di Spagna ricavate anche dei dischetti da 6 cm e poneteli sul fondo dello stampo, poi inserite le strisce arrotolate così da ottenere dei cilindri chiusi alla base. Versate la namelaka fino a ⅓ dell'altezza. Riponete in freezer per almeno 12 ore.

Per la crema al vermut: mescolate tuorli, zucchero, 25 ml di panna, 25 ml di vermut e scaldate fino a 82 °C. Togliete dal fuoco, aggiungete la gelatina idratata e il restante vermut, poi fate raffreddare. Semimontate la restante panna e unite. Estraete i cilindri di pan di Spagna congelati dallo stampo, avvolgeteli con strisce di acetato più alte di un cm rispetto ai cilindri e fermate le strisce con un pezzetto di nastro adesivo. Riempite velocemente con la crema al vermut fino al bordo del nastro e rimettete nel congelatore per 8 ore.

Per il parfait: unite tutti gli ingredienti tranne la panna, mescolate energicamente con una frusta e scaldate fino a 82 °C, fate raffreddare e aggiungete la panna semimontata. Versate il parfait negli stampi a semisfera e mettete in freezer per 12 ore.

Per la crema inglese: mescolate gli ingredienti con una frusta e scaldate fino a 82 °C.

Estraete i cilindri e fateli scongelare, eliminate l'acetato e bagnate il pan di Spagna con tè matcha freddo precedentemente preparato. Ponete sulla base del piatto la crema inglese, poi il dolce e infine la semisfera di parfait appena tolta dal freezer.

INGREDIENTI
PER 6-8 PERSONE

PER LA NAMELAKA
- 190 g di cioccolato bianco
- 180 ml di panna
- 95 ml di latte
- 4 g di gelatina

PER IL PAN DI SPAGNA
- 250 g di uova intere
- 140 g di zucchero
- 140 g di farina tipo 00
- 25 g di burro fuso
- 4 g di tè matcha
- 0,5 g di sale

PER LA CREMA AL VERMUT
- 215 ml di panna
- 100 g di tuorli
- 60 ml di vermut bianco
- 50 g di zucchero
- 5 g di gelatina

PER IL PARFAIT
- 500 ml di panna
- 150 g di zucchero
- 150 g di tuorli
- 130 ml di vermut bianco
- 25 g di estratto di asparago bianco

PER LA CREMA INGLESE
- 250 ml di estratto di asparago bianco
- 250 ml di panna
- 100 g di tuorli
- 50 g di zucchero
- 1 g di sale
- 1 cucchiaino di succo di limone

ATTREZZATURA
- stampi cilindrici in silicone (ø 6 cm, altezza 4,5 cm)
- stampo con impronte a semisfera (ø 3 cm)
- nastro di acetato per pasticceria (altezza 5,5 cm)

MIELE

IMPARARE DALLE API

46

La piana di Vegonno, in provincia di Varese, è da sempre un "Luogo del Cuore" per molti abitanti della zona e lo è diventato, ufficialmente, anche per il FAI (il Fondo per l'Ambiente Italiano), che l'ha riconosciuto come prezioso patrimonio naturalistico. È in questo polmone verde che si trova il Roccolo Vegonno, l'azienda agricola di Giacomo, uno spazio incontaminato in cui è la natura a scandire il tempo e a prendere tutte le decisioni importanti. Sì, perché Giacomo coltiva la terra, la frutta, la verdura e i fiori in un orto sensoriale senza strutture fisse, senza meccanizzazione, senza trattamenti, né prodotti chimici. Al Roccolo si fa praticamente tutto a mano, si guarda il cielo e si spera nel sole o che la pioggia sia delicata e sottile. Si rispettano le stagioni, quando sono brevi e quando sembrano non finire mai.

Come me, Giacomo è cresciuto osservando i suoi nonni al lavoro, la sua è una famiglia di agricoltori che ha provato a convincerlo a scegliere una strada che lo conducesse altrove, lontano da quei campi che richiedono sacrifici e dedizione assoluta. «Volevano che io fossi libero», mi ha detto «ma io sono davvero libero solo quando lavoro nell'orto.»

Ogni anno, appena arriva la primavera e la punta dell'aratro si appoggia sul terreno per iniziare a disegnare il campo, la paura svanisce e lascia spazio alla gioia, al brivido della scommessa, all'orgoglio negli occhi del nonno che vede uno dei suoi nipoti portare avanti la tradizione di famiglia. È questa la vita che ha scelto. Una vita che non è sempre facile, ma che sa sempre come ripagare della fatica e delle rinunce. Una vita in cui ogni giorno è una sorpresa, in cui ogni tramonto è diverso dal precedente e la fortuna può mutare rapidamente.

Ripenso all'inaugurazione del Roccolo: era il giorno del compleanno di Giacomo e la mattina era iniziata alla grande. Arrivata la sera, però, tutto era stato raso al suolo da una violentissima grandinata. Sarebbe stato lecito abbandonarsi allo sconforto e chissà in quanti, al suo posto, lo avrebbero fatto. Ma non quando il proprio mestiere è la cosa che si ama di più al mondo: se il lavoro è passione e se si ha la fortuna di avere intorno persone che ci sostengono, allora non ci si ferma. Ci si rialza. Si ricostruisce.

A pensarci bene Giacomo ha molto in comune con le api che della sua azienda agricola sono parte integrante e che regalano un miele di cui mi sono innamorato al primo assaggio. La sinergia, la collaborazione, la capacità di reagire insieme nei momenti di difficoltà: c'è molto da imparare da questi insetti straordinari, importantissimi per preservare la biodiversità. Proprio come il Roccolo Vegonno.

PETTO D'ANATRA LACCATO AL MIELE CON CHUTNEY DI CILIEGIE E OLIO AL BASILICO

INGREDIENTI

PER IL CHUTNEY DI CILIEGIE
- 200 g di ciliegie denocciolate
- 10 g di zenzero
- 1 scalogno

PER L'OLIO AL BASILICO
- 200 ml di olio di girasole
- 50 g di basilico

PER IL PETTO D'ANATRA
- 4 petti d'anatra
- 40 g di miele di acacia
- 20 ml di aceto di riso
- 15 g di spezie miste tritate finemente (pepe, coriandolo, cannella, cumino, anice, cardamomo)
- 1 mazzetto aromatico misto (timo, maggiorana, rosmarino)
- olio extravergine di oliva
- sale

PROCEDIMENTO

Per il chutney di ciliegie: tritate finemente lo scalogno e lo zenzero e fateli rosolare per 2 minuti in pentola, quindi unite le ciliegie tagliate a piccoli pezzetti. Cuocete per 2 minuti a fiamma viva, poi abbassatela e continuate la cottura per almeno 30 minuti. Una volta pronto, fate raffreddare il composto.

Per l'olio al basilico: scaldate l'olio di girasole fino a 65 °C circa, aggiungete il basilico e togliete dal fuoco. Lasciate in infusione per qualche minuto, quindi trasferite il tutto in un frullatore e frullate. Lasciate decantare: appena la parte solida si sarà separata, eliminatela e filtrate l'olio rimasto facendolo raffreddare.

Per il petto d'anatra: incidete i petti d'anatra dalla parte della pelle, quindi spolverateli con il mix di spezie tritate e un po' di sale. Scaldate un filo di olio in padella a fiamma bassa aromatizzandolo con il mazzetto misto, poi aggiungete la carne avendo l'accortezza di cominciare la cottura dalla parte della pelle (è consigliabile porre un peso sopra ai petti durante la cottura). Calcolate circa 6 minuti per lato. Verso la fine della cottura unite l'aceto e il miele, facendo caramellare leggermente e ponendo attenzione a non bruciare. Trasferite i petti in un piatto e fate riposare almeno 2 minuti.

Tagliate a losanghe il petto d'anatra e servitelo accompagnandolo con il chutney di ciliegie e l'olio al basilico.

SCEGLIERE LE ROSE

Chi ama girare l'Italia sa che, più o meno nascosti, nel nostro Paese si possono incontrare piccoli angoli di paradiso. Nel territorio di Como, all'interno del parco protetto del Lura, ce n'è uno con una storia particolare. Una storia che parla di innamoramenti improvvisi, di sogni e di famiglia. Ha il profumo delle rose e delle fragole e un nome che è già melodia: l'azienda agricola Floe è nata sette anni fa da un colpo di fulmine che ha sconvolto non una, ma due vite.

Era il 2018 e Jessica, dopo la laurea, lavorava come architetto in uno studio. Non si poteva dire che non amasse il suo mestiere e lo stesso era vero per suo padre, imprenditore da sempre. Eppure una sera, mentre guardavano insieme la televisione, quasi come se l'universo avesse improvvisamente deciso di mandare un segnale, il racconto di una donna che coltivava rose per estrarne oli essenziali li ha rapiti. Nel tempo di quel breve servizio qualcosa è fiorito anche in loro: un'idea, un pensiero che da quel momento non se n'è più andato. Non è passato molto tempo prima che, insieme, si dicessero: «Proviamo!». Così, con cinquemila rose e qualche paura, la favola di Floe ha avuto ufficialmente inizio.

Jessica e il papà Nemesio hanno lasciato le loro attività per dedicarsi a tempo pieno a una visione che avrebbe permesso a entrambi di essere liberi e di liberare anche la loro creatività. Oggi Floe non coltiva solo rose, ma piante officinali e da frutto. Crea idrolati e cosmetici, produce confetture, sciroppi e nettari. È un luogo in cui si celebra la natura e si segue il ciclo delle stagioni nei terreni liberi, dove si alternano legumi e ortaggi biologici. È un terreno che vive in armonia con il pianeta, raccogliendo acqua piovana per irrigare e ricavando energia dai pannelli fotovoltaici. È un'oasi che accoglie le difficoltà come sfide e le vince con la forza dell'entusiasmo. Non senza qualche scontro, certo. Dopotutto è pur sempre una storia che parla di padri e figlie, di caratteri diversi, di ostacoli da superare e di divergenze di opinioni. Ma è una storia con un lieto fine, in cui si trova sempre un punto di contatto. Perché quando si crede insieme in qualcosa, con dedizione e passione, la parola "impossibile" perde improvvisamente tutto il suo potere.

Vivere in mezzo ai fiori, al cibo, alle cose belle e alle cose buone è il sogno di molti e Jessica lo ha trasformato in una realtà che condivide con la sua bambina e, quando la osserva raccogliere (e mangiare) le fragole che lei stessa ha piantato, sa di aver fatto la scelta giusta. Che, in fondo, è l'unica scelta che conta: quella di essere felice.

LA NOSTRA CHEESECAKE

INGREDIENTI PER 6-8 PERSONE

PER LA CHEESECAKE
- 250 g di formaggio spalmabile
- 250 g di robiola di capra
- 125 g di zucchero a velo
- 30 ml di panna
- 3 uova
- 2 limoni

PER IL CRUMBLE
- 100 g di biscotti tipo digestive
- 85 g di burro
- 70 g di zucchero
- 1 pizzico di sale

PER LA CIALDA AL RABARBARO
- 125 ml di estratto di rabarbaro
- 35 g di albume
- 15 g di fecola di patate
- 10 g di zucchero

PER LA SALSA ALLA ROSA
- 100 g di composta di rose
- 50 ml di acqua

PER IL GEL AL RABARBARO
- 125 g di estratto di rabarbaro
- 15 g di zucchero
- 1 g di agar agar
- ½ fava tonka

ATTREZZATURA
- stampi a semisfera (ø 7-8 cm)

PROCEDIMENTO

Per la cheesecake: mescolate i due formaggi insieme allo zucchero a velo. Una volta che gli ingredienti saranno ben amalgamati aggiungete le uova, la panna, la scorza dei limoni e il succo di un solo limone. Mescolate bene (anche con l'aiuto di una planetaria, se preferite, facendo attenzione a non utilizzare una velocità troppo elevata) fino a ottenere una crema liscia e omogenea. Versatela negli stampi semisferici e infornate a bagnomaria a 90 °C per un'ora e mezza. Passato questo tempo, fate raffreddare le semisfere, quindi mettetele in congelatore per almeno 12 ore.

Per il crumble: con un cutter da cucina triturate molto finemente i biscotti, quindi mescolateli con gli altri ingredienti fino a ottenere un impasto di consistenza friabile. Cuocete in forno a 170 °C per 15 minuti.

Per la cialda al rabarbaro: frullate insieme tutti gli ingredienti. Mettete il composto sul fuoco fino a raggiungere i 100 °C e mantenete la temperatura per 2 minuti, poi stendetelo su una teglia rivestita da carta da forno (fate attenzione a mantenere uno spessore sottilissimo: non deve superare i 2-3 millimetri). Cuocete in forno a 110 °C per 3 ore.

Per la salsa alla rosa: stemperate la composta di rose con l'acqua per ottenere la salsa.

Per il gel al rabarbaro: mescolate tutti gli ingredienti e fate bollire il composto ottenuto per circa 2 minuti. Togliete dal fuoco e lasciate raffreddare a temperatura ambiente, poi mettete in frigorifero per almeno 3 ore. Una volta che si sarà formata la gelatina, frullate per ottenere il gel.

Scongelate le semisfere di cheesecake almeno 4 ore prima di servirle. Impiattate ponendo alla base del piatto il crumble, posando quindi la semisfera e decorando intorno con pezzetti di cialda al rabarbaro. Infine aggiungete qualche punto di gel al rabarbaro e glassate leggermente la semisfera con la salsa alla rosa.

MIRTILLI

•

COLTIVARE L'AMICIZIA

48

Le amicizie, quelle vere, possono iniziare a qualsiasi età. Da bambini, però, tutto è più semplice. Basta tirare fuori un pallone oppure inforcare due biciclette e il gioco è fatto.

Quando, nel 1982, la famiglia di Matteo si è trasferita nello stesso residence in cui abitava anche Mattia, ai due bambini non è servito molto per legare e per iniziare a passare il tempo insieme, attraverso gli anni dell'asilo e quelli della scuola elementare. La vera sfida, per i rapporti, inizia qualche anno dopo. Quando la vita si mette in mezzo: è allora che spesso ci si perde, ci si allontana, si diventa l'uno un bel ricordo dell'altro.

Anche tra i due inseparabili protagonisti di questa storia, poteva finire così. Matteo, appassionato di equitazione, andava a letto presto e si svegliava all'alba per prepararsi alle gare. Mattia, che lavorava come PR in discoteca, andava a dormire quando il sole era già alto. Non erano distanti, ma era come se vivessero su fusi orari diversi.

Ai veri amici, però, non serve molto per ritrovarsi. A volte basta una telefonata, una domanda semplice come: «Ciao, sto cercando qualcuno che non mi bidoni per la squadra di calcetto, vieni?». E non ci si lascia più. Anzi, torna quel desiderio di realizzare qualcosa insieme, di condividere persino un mestiere. Si accende il ricordo dei pomeriggi passati ai mercatini delle pulci, a scambiare e vendere le schede telefoniche raccolte nelle serate precedenti girando tra le cabine con il motorino. Era il modo in cui il papà di Matteo pensava di insegnargli a gestire il commercio e oggi, guardando quello che è stato realizzato, bisogna ammetterlo: aveva ragione.

Undici anni fa, infatti, Matteo ha lasciato l'azienda di famiglia e si è accesa la miccia di un'idea. Di un progetto: un campo di mirtilli da coltivare insieme. Poi, si sa, la vita ha un modo tutto suo di presentare ostacoli, ma anche quello di suggerire soluzioni. Quando, qualche anno dopo, Mattia si è ritrovato per mesi immobile sul divano a causa di un brutto incidente, serviva un nuovo sogno. Così, dal nome del loro campo, è nato anche Mirtillo Brillo Gin, un marchio emergente nel panorama dei gin artigianali italiani.

Un giorno ho chiesto a Matteo quale fosse il segreto di un legame così: «Siamo talmente diversi e la vediamo in modo tanto differente che non potremmo pestarci i piedi nemmeno se lo volessimo», mi ha risposto. Io li conosco e ci credo, ma non penso sia tutto qui. Penso che Mirtillo Brillo non sia un semplice lavoro, ma una calamita che permette loro di stare insieme. Una stanza dei giochi, senza pareti. Un luogo prezioso in cui essere amici è ancora facile. Non c'è un pallone, non ci sono biciclette, ma quando Matteo e Mattia raccolgono e assaggiano i primi mirtilli della stagione, tre a testa, non servono parole per dirsi che ancora una volta, come sempre, tutto andrà nel migliore dei modi.

TORTA AL GRANO SARACENO E MIRTILLO CON GIN TONIC AL MIRTILLO

INGREDIENTI PER 8 PERSONE

PER LA TORTA

- 160 ml di panna
- 140 g di farina di grano saraceno
- 90 g di zucchero
- 80 g di confettura di mirtilli bio
- zucchero a velo q.b.
- 4 uova grandi
- 1 vaschetta di mirtilli freschi
- burro q.b.
- farina tipo 00 (o farina di riso) q.b.

PER IL GIN TONIC

- ⅓ di gin al mirtillo
- ⅔ di acqua tonica
- 1 fetta di limone
- ghiaccio q.b.

PROCEDIMENTO

Per la torta: montate le uova con lo zucchero in una planetaria alla massima velocità per almeno 20 minuti (in alternativa potete utilizzare le fruste elettriche, montando finché le uova risulteranno ben gonfie e bianche), poi aggiungete la farina di grano saraceno setacciata mescolando dal basso verso l'alto per evitare che l'impasto si smonti.

Versate il composto in una tortiera imburrata e infarinata (se volete un dolce senza glutine potete utilizzare la farina di riso) e infornate in forno statico caldo a 180 °C per 20 minuti. Quando la torta è pronta, lasciatela intiepidire, quindi sformatela su una griglia e fatela raffreddare completamente. Tagliatela a metà orizzontalmente e farcitela con la panna che avrete precedentemente montato. Completate aggiungendo sulla sommità la confettura di mirtilli e qualche mirtillo fresco tagliato a metà. Infine spolverate il tutto con lo zucchero a velo.

Per il gin tonic: in un bicchiere adatto, versate prima il ghiaccio, poi il gin al mirtillo e l'acqua tonica. Mescolate bene e decorate con una fetta di limone. Servite il gin tonic al mirtillo insieme alla torta.

ZAFFERANO

LUOGHI TUTT'ALTRO CHE COMUNI

49

Ci sono idee che si trasformano in sogni e sogni che si trasformano in idee. Non è sempre facile ricordare il momento esatto in cui ognuno di noi ha deciso "cosa fare da grande", ma nella storia di Rolando si è trattato di un istante ben preciso.

Per coltivare qualsiasi frutto della terra ci vuole dedizione, ma per coltivare lo zafferano ce ne vuole un pizzico in più. Per produrne un chilo soltanto servono circa 150.000 fiori e qualcosa come 500 ore di lavoro. Spesso si pensa che una rarità tanto effimera quanto preziosa sia un'esclusiva dei climi più caldi, ma in provincia di Como c'è una Collina d'Oro in cui questo luogo comune è stato sfatato una volta per tutte.

Quando Rolando ha deciso di abbandonare la sua attività per tornare a lavorare i terreni di famiglia, aveva in mente soprattutto un piccolo appezzamento di tre ettari che in passato gli aveva regalato grandi soddisfazioni. Non aveva ancora deciso cosa piantare, ma sapeva che non sarebbe stato un vigneto, come avrebbe desiderato sua moglie, perché dopo due anni della scuola agraria passati a potare e raccogliere uva, proprio non ne voleva più sapere.

La risposta alle sue domande è arrivata in sogno e in un sogno si è trasformata: una mattina del 2014 Rolando si è svegliato con la certezza che il destino del suo terreno fosse lo zafferano.

Oggi, sulla Collina d'Oro, fioriscono circa un milione di bulbi e Rolando sorride ripensando alla raccolta dei primi dieci grammi di zafferano, ormai più di dieci anni fa, quando ogni giorno osservava il suo campo con la paura di aver sbagliato qualcosa e persino con il folle dubbio di aver piantato i bulbi al contrario. Così, la sola cosa possibile era stata estrarli e ripiantarli uno per uno, salvo poi scoprire di aver fatto tutto giusto già la prima volta.

Il primo anno i bulbi erano 140, due anni dopo erano 140.000. Avrei voluto vedere gli occhi di Rolando quel giorno quando, salendo la collina, è stato sorpreso da un fortissimo profumo e da una distesa di grandi fiori viola. «Mi sono messo a ridere, non credevo ai miei occhi. Poi, però, mi sono quasi messo a piangere: come avrei fatto a raccoglierli?», mi ha raccontato. Ha aggiunto che l'agricoltore – proprio come lo chef – alla fine una soluzione la trova sempre. Prima della sera, infatti, la raccolta era completa.

Ogni anno, da allora, Rolando pianta, raccoglie, essicca e produce nel pieno rispetto della natura, senza l'uso di additivi o sostanze chimiche: è uno zafferano da sogno e non mi sorprende. Dopotutto è da un sogno che è nato.

ZAFFERANO E MOSCATO

INGREDIENTI PER 6–8 PERSONE

PER LA DACQUOISE
- 100 g di albumi
- 150 g di TPT (75 g di zucchero semolato e 75 g di farina di mandorle)
- 35 g di farina di mandorle
- 25 g di zucchero semolato
- 1 g di cremor tartaro

PER LA GELÉE AL MOSCATO
- 150 ml di Moscato fermo non passito
- 6 g di gelatina

PER LA BAVARESE
- 90 ml di panna
- 75 ml di latte
- 20 g di tuorli
- 20 g di zucchero
- 3 g di gelatina
- 1 bustina di zafferano

PER LA CIALDA GAVOTTES
- 90 ml di acqua
- 20 g di albumi
- 20 g di zucchero a velo
- 9 g di farina tipo 00
- 9 g di burro
- 2 g di fecola di patate
- 1 pizzico di sale

PER LA RIDUZIONE DI BAROLO CHINATO
- 200 ml di Barolo chinato
- 1 g di agar agar

PER LA CREMA INGLESE
- 75 ml di latte
- 20 g di tuorli
- 20 g di zucchero
- 1 bustina di zafferano

ATTREZZATURA
- stampi in silicone rettangolari (80 × 30 × 30 mm)

PROCEDIMENTO

Per la dacquoise: montate gli albumi con lo zucchero per ottenere un composto cremoso e stabile. Unite la farina al TPT e al cremor tartaro, poi versate sugli albumi, mescolando con una spatola. Stendete il composto (3–4 mm di spessore) su una teglia con carta da forno e infornate a 180 °C per 20 minuti. Fate raffreddare e tagliate in rettangoli della dimensione degli stampi.

Per la gelée: fate bollire il vino per circa 2 minuti, aggiungete la gelatina ammollata in acqua e mescolate per farla sciogliere. Versate la gelée liquida negli stampi a un'altezza di circa 1,5 cm. Fate raffreddare a temperatura ambiente e mettete in congelatore per almeno 4 ore.

Per la bavarese: mescolate tutti gli ingredienti tranne la gelatina e la panna. Scaldate fino a 82 °C, togliete dal fuoco e aggiungete la gelatina ammollata in acqua. Semimontate la panna e unitela al composto mescolando con una spatola. Versate la bavarese sopra la gelée congelata, chiudete a filo dello stampo con il rettangolo di dacquoise e riponete in congelatore per 12 ore.

Per la cialda: mescolate le polveri e unitele agli albumi setacciandole. In un pentolino portate a bollore il sale, l'acqua e il burro, poi unite i composti e stendete l'impasto (1 mm di spessore) su una teglia foderata con carta da forno. Infornate a 170 °C per circa 5 minuti, controllando a vista la cottura. Sfornate e fate raffreddare.

Per la riduzione: mettete a bollire il vino finché si sarà dimezzato di volume. Aggiungete l'agar agar e fate bollire per altri 2 minuti, poi fate raffreddare. Frullate il composto freddo per ottenere il gel.

Per la crema inglese: mescolate tutti gli ingredienti in un pentolino e fate scaldare fino a 82 °C continuando a mescolare. Togliete dal fuoco e fate raffreddare.

Estraete il dolce dagli stampi ancora congelato e fatelo scongelare per almeno 4 ore prima di servirlo. Componete il piatto con una base di crema inglese, il dolce con qualche pezzetto di cialda e un paio di punti di gel al Barolo chinato.

ROAST BEEF

•

LA FINE, L'INIZIO

50

La ristrutturazione del Crotto è durata un'estate. Sessantadue lunghissimi giorni, da luglio a settembre dell'anno 2019. Era un momento a cui avevo pensato per tantissimo tempo: ne avevo parlato con Eleonora, ne avevo discusso (molto) con papà. Ne avevo, soprattutto, analizzato ogni pro e ogni contro con me stesso. Avevo creato con questo luogo un legame troppo forte per poterlo recidere con la decisione di andarmene e di costruire la mia vita e la mia carriera altrove. Per dirla in modo semplice: era il posto che più amavo al mondo. Era un libro di storia che qualcuno aveva iniziato più di cento anni prima e che, adesso, avrei continuato a scrivere io. Con la mia idea, con la mia visione. E con tutti i rischi.

Della mattina in cui sono arrivati i camion ho un ricordo indelebile. La cancellata non era ancora stata completata e, quando sono entrato, il cortile del Crotto era invaso da mezzi pesanti. Piastrellisti, imbianchini, elettricisti, muratori. Mattoni, secchi, cavi, calce. Ovunque. Sono sceso dalla macchina, dopo essere riuscito a parcheggiarla destreggiandomi tra i bancali, ho fatto tre passi e una consapevolezza improvvisa mi ha immobilizzato: «Sta succedendo davvero».

Ho immaginato di poter vedere tutto dall'alto: sembrava un formicaio in cui ognuno aveva qualcosa da fare e lo faceva alla massima velocità, con assoluta concentrazione e senza mai fermarsi. Specialmente papà, che dirigeva i lavori impartendo ordini ai nostri, mentre le squadre di manovali e operai finivano di sventrare la nostra casa per poterla – finalmente – ricostruire. Nell'aria aleggiavano particelle di polvere e domande. La paura era mescolata all'adrenalina, l'insicurezza alla felicità. Era la scelta giusta? Sarebbe andato, davvero, tutto bene?

Inutile dire che la cucina era inaccessibile e, anche se avessimo potuto raggiungerla, non c'era nulla per poter preparare il pranzo. La cella frigorifera, però, era ancora lì e funzionava alla perfezione. Birra fredda e panini al roast beef sarebbero stati il nostro pranzo, da consumare all'aperto, sulla tavolata improvvisata con le casse e i blocchi di cemento recuperati dal cantiere. Insieme.

Io, mamma, papà, Eleonora, Marco, Fabio, Simon, la brigata. La famiglia e gli amici che avevano contribuito al grande cambiamento e che ora erano pronti a continuare questo viaggio con me.

Di quel giorno ricordo soprattutto un abbraccio: io, mamma, papà ed Eleonora, davanti alla porta di un luogo che aveva testimoniato tanta della nostra storia e che avrebbe continuato a farlo, anche se in un modo completamente diverso. Nel modo che da sempre sognavo. Era una fine, ma – come spesso accade – era anche un inizio. L'inizio di qualcosa di meraviglioso.

PANINO AL ROAST BEEF E CHEDDAR

INGREDIENTI

- 4 filoncini di pane ai cereali (da 20 cm l'uno)
- 800 g di roast beef
- 150 g di cheddar
- 80 g di senape
- 1 mazzetto di erbe aromatiche
- olio extravergine di oliva
- sale e pepe

PROCEDIMENTO

Scaldate l'olio in una casseruola adatta alla cottura in forno e adagiatevi il roast beef, che avrete precedentemente legato e cosparso di senape. Salate, pepate e fate rosolare per almeno 20 minuti, assicurandovi di sigillare bene ogni lato della carne. Aggiungete le erbe aromatiche e cuocete in forno preriscaldato a 220 °C per almeno 20 minuti. Quando la carne sarà pronta, lasciatela raffreddare e tagliatela a fette sottili.

Componete il panino: tagliate a metà i filoni e cospargete una delle due metà con un filo di olio. Aggiungete le fette di carne e il cheddar e richiudete con l'altra metà (a piacere potete mettere la senape anche sul pane). Passate in forno caldo a 120 °C fino a quando il cheddar comincia a sciogliersi.

Servite e gustate il panino tiepido.

INDICE

Dove non diversamente indicato, le ricette presenti in questo volume sono state concepite per quattro persone.

TEMPO DI FAMIGLIA

SPIRITO DI BRIGATA

CUCINA *ON THE ROAD*

IL NUOVO CROTTO

Roberto Valbuzzi è nato a Varese il 1° luglio 1989 ed è chef patron del noto ristorante Crotto Valtellina a Malnate, in provincia di Varese, giunto nel 2024 al suo cinquantesimo anno di attività. I nonni gestiscono una grande fattoria a Mornago, dove ha imparato ad apprezzare i sapori del territorio, sviluppando una grande passione per la cucina e i prodotti freschi della terra. Completano il suo profilo il diploma presso la scuola alberghiera e il caparbio lavoro svolto nella ristorazione con molteplici esperienze in ristoranti di prestigio che lo portano a fare ricerca e a creare piatti sempre innovativi. L'ascesa televisiva del giovane chef inizia in occasione della sua partecipazione alla fiera campionaria di Varese, che gli permette di farsi notare da Gambero Rosso Channel, la TV di Sky dedicata interamente al panorama culinario. Ne nasce una carriera parallela che, in oltre quindici anni, lo ha portato a lavorare per numerose produzioni di successo come *Cortesie per gli ospiti* e *Uno chef in fattoria*.

Art Direction e Graphic Design
Heartfelt.it

Pubblicato per

MONDADORI
ELECTA

da Mondadori Libri S.p.A.

ISBN: 978-88-918-4491-0
Prima edizione: ottobre 2025

2025-2026-2027 - Edizione 1 2 3 4 5 6 7 8 9 10

Questo volume è stato stampato
presso Elcograf S.p.A.,
Via Mondadori 15, Verona
Stampato in Italia - Printed in Italy

Crediti fotografici

Foto di copertina di
Jacopo Salvi/altomare.studio

Tutte le fotografie degli interni
sono di Jacopo Salvi/altomare.studio
a eccezione di:
pp. 82, 142, 174, 178: Archivio
personale di Roberto Valbuzzi
pp. 90, 146, 206: Simone Raso
p. 94: Kenny Kim Photography
p. 106: saratm/Adobe Stock
p. 162: jaboo_foto/Adobe Stock
p. 218: Elab multimedia